Une Ancienne Colonie Française : Histoire du
Canada

Une Ancienne Colonie Française

Histoire du Canada

Victor Du Bled

Editions Le Mono

ISBN : 978-2-36659-653-3
EAN : 9782366596533

Partie I

LE RÉGIME PARLEMENTAIRE AU CANADA (1791-1840)

L'histoire du Canada, depuis la conquête anglaise, présente cet exemple original et peut-être unique d'un peuple qui, afin de conserver ses institutions, sa langue et sa religion, s'initie au régime constitutionnel, s'approprie l'instrument que le vainqueur avait forgé contre lui et, à force de ténacité, arrache une à une ces libertés nécessaires dont la possession et la pratique sincères pouvaient seules assurer le maintien de sa nationalité. En d'autres pays, le système représentatif s'est établi naturellement, par une sorte de cristallisation politique, par imitation de ce qui se passait ailleurs, pour garantir le contrôle des actes et des dépenses, échapper à des abus intolérables : nulle part on n'a vu ce phénomène d'une race à laquelle sa foi catholique, l'amour de la patrie perdue, inspirent le goût, font comprendre le besoin d'un gouvernement libre, qui s'en sert comme d'un bouclier, se façonne à ses règles délicates et compliquées à mesure qu'elle les reconnaît, gagne sans cesse du terrain et triomphe de tous les obstacles. Les peuples logiciens, les peuples artistes, les peuples guerriers sont peu propres au régime parlementaire ; moins que tout autre, celui-ci paraissait capable d'une métamorphose si profonde, car, pendant la domination française, le Canada n'a que le caractère d'une colonie féodale et d'une mission : son administration est établie sur les mêmes bases que celle de la métropole, ses habitants descendent la plupart des régiments qu'elle y a envoyés ; ils en gardent les mœurs, l'esprit aventureux, entreprenant ; l'absence d'assemblées élues n'a rien qui étonne ces soldats laboureurs, habitués au commandement d'un seul, au respect de la royauté, entretenus dans ces idées par le clergé, absorbés d'ailleurs par la guerre contre l'Anglais, contre les sauvages, par l'agriculture et la colonisation des nouveaux territoires. Mais ce qui surprend davantage encore, c'est l'invincible persistance du sentiment national chez ces hommes en faveur desquels la mère patrie faisait si peu, qui tous sacrifiaient leur fortune et leur vie pour rester Français, combattant un contre trois, un contre cinq, remportant avec Frontenac, Montcalm et Lévis d'éclatantes victoires, jusqu'au jour où, ruinés par la famine et la concussion, envahis de toutes parts, écrasés sous le nombre, ils mettaient bas les armes, et, la mort dans l'âme, subissaient la capitulation de 1760 et le traité de 1763.

I

Au lendemain de ce traité qui nous enlevait un empire, tandis qu'avec MM. de Vaudreuil, Lévis, Bourlamaque et Bougainville, nombre de nobles, de marchands et notables canadiens repassaient en France, l'habitant des campagnes rentrait dans ses terres et se livrait à l'agriculture : les prêtres, les religieux lui demeuraient fidèles, et ce sont eux qui, tour à tour apôtres et pionniers, missionnaires et colons, vont le plus contribuer à entretenir la flamme sacrée du patriotisme. Tout semble conspirer contre ces soixante mille Canadiens placés en face d'un maître bien décidé à user pleinement de sa victoire, en face de cette Nouvelle-Angleterre dont la population dépasse déjà le chiffre de deux millions. Aucune communication avec la France, pas de journaux, peu de livres, nulle industrie ; le commerce aux mains des marchands anglais ; un conquérant qui annonce hautement son dessein de détruire le culte catholique, de supprimer la langue française. Cette liberté politique dont il est si fier n'est pas alors une liberté largement communicative et tolérante ; c'est une liberté égoïste et étroite, en quelque sorte protestante et privilégiée, réservée aux seuls sujets de Sa Majesté, assez semblable à cette liberté romaine qui faisait peser sur les peuples soumis le plus intolérable despotisme. Par le serment du test, la constitution britannique interdit les charges publiques aux papistes ; la nation professe contre eux une haine séculaire ; l'Irlande gît sous une domination savamment tyrannique. Pourquoi les Canadiens ne subiraient-ils pas le même traitement que les catholiques anglais ou irlandais ? Les hommes d'état ne doutent pas du succès, et, dès le lendemain de la conquête, ils violent sans hésiter la capitulation de 1760, qui garantissait aux habitants le libre exercice de leur religion et déclarait, en ce qui concerne les usages et coutumes du pays, qu'ils seraient sujets du roi. Le Canada est placé sous l'empire de la loi martiale et démembré, le Labrador annexé au gouvernement de Terre-Neuve, le Cap-Breton à la Nouvelle-Ecosse, les terres des Grands-Lacs aux colonies voisines, le Nouveau-Brunswick doté d'une administration particulière. D'un trait de plume, on abolit la coutume de Paris, si clairement codifiée par nos plus grands jurisconsultes, pour lui substituer la loi anglaise, hérissée de formules compliquées et subtiles, recueil confus d'actes du parlement, véritable labyrinthe où se heurtent sans cesse le droit strict et le droit d'équité, où la justice restait souvent un mystère impénétrable au profane et trébuchait dans les pièges que lui tendait une procédure inflexible, où dominait le fétichisme du texte, et de la lettre. Les gouverneurs reçoivent la faculté exorbitante de décréter des lois, statuts et ordonnances pour la paix publique ; pour exercer avec eux les pouvoirs législatifs, exécutifs et judiciaires, ils choisissent eux-mêmes un conseil composé tout entier d'Anglais, à l'exception d'un seul Canadien, homme obscur et sans influence ; les instructions royales prescrivent d'exiger des habitants le serment d'allégeance et, sous peine d'expulsion, de souscrire les déclarations d'abjuration. En même temps, une nuée d'aventuriers, gens de rapine et de proie, fond sur le Canada : ces hommes qui, selon la forte expression d'un orateur canadien, n'étaient que les vivandiers de l'armée et se disaient les conquérons du pays, le pressurent, le rançonnent, se font attribuer des places, des honneurs, des terres, mettent la justice à l'encan, à l'exemple de ces *carpet-baggers*, qui, après la guerre de sécession, vinrent se ruer sur les États du Sud.

Pendant la période du règne militaire ; de 1759 à 1763, les Canadiens s'étaient arrangés de manière à s'isoler le plus possible : réglant entre eux leurs différends, les soumettant à l'arbitrage des notables ou du curé, ils repoussent l'intervention de ces juges éperonnés qui ne parlent pas leur langue. Mais lorsque, après quatre ans de ce régime, ils voient leur organisation sociale, leur foi menacées, leurs coutumes abrogées, ils élèvent la voix, consignent dans des mémoires leurs justes griefs, demandant qu'on exécute franchement les conditions de la cession, observant qu'il n'y a pas eu seulement une conquête, mais aussi un contrat international et synallagmatique, par lequel l'Angleterre a pris envers eux des engagements solennels. Afin de calmer les esprits, le général Murray, gouverneur du Canada, rendit une ordonnance qui rétablissait les lois françaises relatives au droit de propriété et de succession. Le siège épiscopal de Montréal étant devenu vacant, il appuya la requête du clergé pour obtenir que le ministère reconnût un évêque et un chapitre revêtus des mêmes pouvoirs qu'autrefois. Ses instructions lui prescrivaient de convoquer une assemblée de représentants du peuple : il l'empêcha de siéger, car les Canadiens refusèrent de prêter le serment du test, et il était décidé à ne pas constituer un parlement composé des seuls protestants. Bien que ceux-ci fussent au nombre de cinq cents à peine, ils prétendaient rester seuls électeurs, seuls éligibles, dépouiller de ses propriétés l'évêque catholique pour en investir l'évêque anglican, confisquer les biens des communautés religieuses ; et ils avaient de si puissants protecteurs à Londres qu'ils obtinrent la révocation du général Murray, accusé de se montrer sympathique aux Canadiens. Tel était d'ailleurs le fanatisme en Angleterre, qu'une université formula le système suivant qu'on pourrait, avec quelques variantes, proposer comme modèle aux amateurs de laïcisation : « Ne jamais parler contre le papisme en public, mais le miner sourdement ; engager les personnes du sexe à épouser des protestants,.. ne pas exiger actuellement le serment d'allégeance, réduire l'évêque à l'indigence, fomenter la division entre lui et ses prêtres ; .. si l'on conserve un collège, en exclure les jésuites, les sulpiciens, les Européens et ceux qui ont étudié sous eux, afin que, privé de tout secours étranger, le papisme s'ensevelisse sous ses propres ruines ; rendre ridicules les cérémonies religieuses qui frappent les imaginations, empêcher les catéchismes, paraître faire grand cas de ceux qui ne donneront aucune instruction au peuple ; les entraîner au plaisir, les dégoûter d'entendre les confessions ; louer les curés luxueux, leur table, leurs équipages, leurs divertissements ; excuser leur intempérance, les porter à violer le célibat qui en impose aux simples, tourner les prédicateurs en ridicule. »

Nul doute que ce programme révélât les pensées secrètes du gouvernement et que sa réalisation eût été poursuivie avec âpreté, si les événements extérieurs n'avaient opéré une diversion utile aux intérêts du peuple canadien. On sait comment, épuisée par la guerre contre la France et l'Espagne, l'Angleterre prétendit, en vertu de son droit de souveraineté, taxer sans leur consentement ses colonies de l'Amérique du Nord ; comment, à l'exception du Canada, de la Nouvelle-Ecosse, qui gardèrent le silence ou n'opposèrent qu'une résistance passive, celles-ci protestèrent aussitôt contre l'acte du Timbre, soutenant que des sujets anglais ne devaient être imposés que par leurs propres représentants et que, n'ayant point de mandataires au parlement britannique, celui-ci ne pouvait leur inspirer confiance ; comment, après les premières émeutes, après la réunion d'un congrès de leurs députés à New-York, les Américains résolurent de cesser tout négoce avec l'Angleterre, de ne plus consommer ses marchandises. La peur n'est pas toujours mauvaise conseillère : la crainte de pousser les Canadiens à s'unir aux révoltés décida les ministres de George III à se départir de leurs rigueurs envers les premiers. Lord North proposa le bill de 1774, qui reculait les limites de la province de Québec, assurait aux catholiques les droits stipulés par la capitulation de 1760, les dispensait du serment du test, confirmait les lois criminelles anglaises, rétablissait les lois civiles françaises, en y ajoutant la faculté de tester de tous ses biens et en conservant à la noblesse le régime féodal et les tenures seigneuriales, au clergé la dîme et les séminaires ; il créait aussi un conseil composé de dix-sept membres au moins, catholiques ou protestants, chargé de faire avec le gouverneur, au nom du prince et sous son *veto*, les ordonnances et règlements nécessaires, sans toutefois qu'il pût imposer aucune contribution, sauf pour l'entretien des chemins et édifices publics. A la chambre des communes, les whigs, qui défendaient les libéraux américains, s'opposèrent à ce que justice fût rendue aux Canadiens ; seul parmi eux, Fox n'admit pas qu'on eût deux poids et deux mesures, que la religion catholique devint un obstacle à la formation d'une chambre représentative au Canada. Lord North ayant observé « qu'il y a quelque chose dans cette religion qui fait qu'un gouvernement protestant sage ne peut établir une assemblée composée uniquement de catholiques, » un membre de l'opposition répliqua maladroitement : « Mais de ce qu'on ne peut donner au Canada la meilleure assemblée à cause du nombre des catholiques, s'ensuit-il qu'on ne puisse lui en donner aucune ? » Il était impossible de dire plus clairement qu'on entendait par liberté le droit de tyranniser ses adversaires. Vainement lord Chatham déclara la loi « cruelle, oppressive, odieuse, » et en appela aux évoques d'Angleterre pour qu'ils s'opposassent à l'établissement d'une religion ennemie dans un pays plus vaste que la Grande-Bretagne. L'acte passa, malgré les protestations de la ville de Londres, et George III le sanctionna en ajoutant « qu'il était fondé sur les principes d'humanité, d'équité les plus manifestes, et qu'il ne doutait point qu'il ne calmât l'inquiétude et n'accrût le bonheur de ses sujets canadiens. »

Le bill de 1774 n'aurait peut-être pas suffi à retenir ces derniers dans l'obéissance, si la maladresse fanatique des colons de la Nouvelle-Angleterre ne les avait détournés de faire cause commune avec eux. A peine réunis en congrès, les députés américains votèrent une déclaration des droits de l'homme et une série de résolutions où ils s'élevaient violemment contre cette loi : elle instituait, disaient-ils, une véritable tyrannie civile et politique au Canada, en accordant l'existence légale « à une religion qui a inondé l'Angleterre de sang, répandu l'hypocrisie, la persécution, le meurtre et la révolte dans toutes les parties du monde. » Rien ne pouvait aliéner davantage le clergé et-la noblesse, déjà ralliés à la métropole par le maintien de leurs privilèges, persuades qu'après tout, mieux valait une demi-liberté sous une monarchie que l'oppression complète sous une république. Ni les adresses postérieures du congrès, ni les promesses tardives des commissaires américains ne parvinrent à effacer le mauvais effet produit par cette déclaration. Cependant, le peuple des campagnes montrait au début d'autres dispositions ; fascinés par ces mots magiques d'indépendance, de révolution, nombre d'habitants embrassèrent la cause des Américains et empêchèrent les seigneurs de se battre pour l'Angleterre ; d'autres affirmaient leur volonté absolue de rester neutres, car au fond de leur cœur palpitait la haine traditionnelle de l'Anglais et le spectacle d'une lutte fratricide n'était pas pour leur déplaire, puisque, de toute façon, elle devait aboutir à l'affaiblissement de l'ennemi héréditaire. Mais, à la fin de la première campagne, *les congréganistes*, c'est-à-dire ceux qui partageaient les idées du congrès, étaient de plus en plus clairsemés : les hautes classes reprirent leur ascendant, les partisans des rebelles passèrent à l'inaction, beaucoup d'indifférents écoutèrent la voix de leurs seigneurs, et les milices canadiennes eurent presque tout l'honneur de la défaite des Américains à la Longue-Pointe, puis sous les murs de Québec. Quant aux marchands anglais, leur conduite présente un contraste frappant avec celle des anciens colons ; mécontents de l'acte de 1774, furieux de n'avoir pas obtenu le singulier régime parlementaire auquel ils prétendaient, la plupart font des vœux secrets pour la révolution, et, comme le dit l'historien canadien Garneau, ils attendent la fin de la lutte, prêts à souffler le chaud et le froid ; à crier : « Vive le roi ! » ou : « Vive la ligue ! »

En France, le ministre des affaires étrangères, M. de Vergennes, proposa au roi de profiter de l'occasion pour reconquérir le Canada, le Cap-Breton et la Louisiane : M. de Lévis et ses anciens compagnons d'armes offraient leurs services ; dix mille hommes, suivant eux, suffisaient, et trente mille fusils distribués aux Canadiens quadruplaient le corps expéditionnaire. Les autres ministres préférèrent tout ensemble prendre une revanche contre l'Angleterre et obéir au courant populaire : l'opinion publique exerçait une pression irrésistible et créait une espèce de patriotisme à rebours, sous l'inspiration duquel la France devait maintes fois encore courir les grandes aventures, lâcher la proie pour l'ombre, les colonies pour les principes. Il semblait qu'elle fût créée et mise au monde pour faire les affaires du genre humain ; et elle allait avoir ses chevaliers errants de la liberté des peuples, véritables don Quichottes de la politique du sentiment, toujours disposes à frapper d'estoc et de taille, sans plus de discernement ni de prévoyance que leurs devanciers du moyen âge. « Quoi ! disait La Fayette aux prisonniers faits sur les Canadiens, vous vous êtes battus pour rester colons, au lieu de passer à l'Indépendance ! Restez donc esclaves ! »

En même temps qu'il reconnaissait l'indépendance des États-Unis, le traité de 1783 opéra à leur profit une sorte de démembrement du Canada, dont les villes de Montréal et de Québec se trouvèrent désormais à quelques pas de la frontière béante. Ainsi se réalisait, en partie, la prophétie de Montcalm, écrivant en 1759 que la défaite vaudrait un jour à son pays plus qu'une victoire et que le vainqueur, en s'agrandissant, trouverait un tombeau dans son agrandissement même. Réduite à ses possessions du Nord de l'Amérique, l'Angleterre va-t-elle du moins s'efforcer de se rattacher ses sujets par la politique des bienfaits, de prévenir en eux toute velléité d'indépendance ? Il semble plutôt qu'elle flotte incertaine entre deux tactiques, contenue par la crainte d'une nouvelle révolution et désireuse de ne pas s'aliéner la fidélité des Canadiens, trop prompte à retomber dans ses anciens errements, interprétant judaïquement l'acte de

Québec, de manière à en faire sortir le maximum d'arbitraire, sans toutefois pousser les choses à l'extrême. Siégeant à huis-clos, composé en grande partie d'Anglais, de fonctionnaires serviles et cupides, le conseil législatif ne trouve pas un contrepoids sérieux dans l'adjonction de huit seigneurs canadiens, qui, élevés au milieu des camps, façonnés de longue date au gouvernement militaire, préoccupés surtout d'assurer le maintien de leur nationalité, de leurs lois, de leurs privilèges, répétaient volontiers en faveur du roi d'Angleterre la vieille maxime française : « Si veut le roi, si veut la loi. » Pourvu qu'il flatte les ambitions particulières, le gouverneur Haldimand a donc carte blanche et fait jouer au conseil le rôle d'une chambre d'enregistrement ; les nouvelles ordonnances, celles sur la milice en particulier, sont marquées au coin d'une véritable tyrannie et pèsent d'un poids écrasant sur la population, les abus se multiplient, la justice s'achète à deniers comptants, le secret des correspondances est violé, et, sous les prétextes les plus futiles, Haldimand fait emprisonner par centaines les citoyens. C'est ainsi qu'un ancien magistrat, M. du Calvet, soupçonné d'intrigues avec les Américains, est arrêté dans son domicile le 27 septembre 1780, soumis pendant près de trois ans à la détention la plus rigoureuse et rendu à la liberté sans avoir pu obtenir qu'on fit son procès, sans qu'on voulût lui dire quel était son crime. A peine sorti de prison, il part pour Londres, réclame la mise en jugement du gouverneur, publie sous le titre d'*Appel à la justice de l'État*, un volume de lettres où on lit des invocations comme celle-ci : « Qu'il est triste d'être vaincu ! Encore, s'il n'en coûtait que le sang qui arrose les champs de bataille, la plaie serait bien profonde, bien douloureuse, elle saignerait bien des années, mais le temps la fermerait. Mais être condamné à sentir continuellement la main d'un vainqueur qui s'appesantit sur vous ; mais être esclave à perpétuité sous l'empire du souverain constitutionnel du peuple le plus libre de la terre, c'en est trop ! .. » Et après une vive peinture du lourd despotisme d'Haldimand, des malversations des fonctionnaires, de la corruption des juges, des violations perpétuelles de l'acte de 1774, il conclut en réclamant l'introduction du régime constitutionnel, avec gouverneur justiciable des lois de la province, chambre d'assemblée élective, nomination de députés qui représenteraient le Canada an parlement anglais, inamovibilité des conseillers, jugement par jury, loi d'*habeas corpus*, liberté de la presse, liberté de commerce, etc..

On peut dire que le mémoire de Du Calvet détermina la fondation d'un parti constitutionnel canadien, à côté de ce parti constitutionnel anglais qui rêvait d'un parlement protestant, fabriqué tout exprès pour son usage exclusif et comme machine de guerre contre les anciens habitants. Des pétitions en faveur du régime électif parviennent à Londres, suivies de pétitions en sens contraire : ainsi que l'observe M. Chauveau, la politique moderne, avec son jargon et ses définitions, fait irruption au Canada, les citoyens se divisent en constitutionnels et anticonstitutionnels. « Que Sa Majesté, disait M. Joseph Papineau, nous donne une chambre d'assemblée, nous pourrons y défendre et conserver nos lois, exposer nos vœux et nos besoins. » En présence de cette agitation variée, l'Angleterre eut recours aux enquêtes, procédé à double fin qui permet d'enterrer les questions ou de préparer leur solution en gagnant du temps. Mais les rapports des comités auraient couru grand risque d'aller se perdre dans les cartons du ministère, si les premiers grondements de la révolution française ne lui avaient donné l'éveil. En 1789, le ministre des colonies, lord Grenville, envoie à lord Dorchester un projet suivi d'un exposé de motifs où l'on rencontre ces sages observations : « Le but de ce projet est d'assimiler la constitution de la province canadienne à celle de la Grande-Bretagne, autant que le permettent la différence des mœurs et la situation actuelle des choses. Pour cela, il faut faire attention aux usages et aux idées des habitants français qui forment un élément si considérable de la population : toutes les précautions doivent être prises pour continuer à les laisser jouir de ces droits civils et religieux qui leur ont été garantis par la capitulation de la province, ou qu'ils tiennent de l'esprit généreux et éclairé de l'Angleterre. »

Une circonstance nouvelle, l'émigration des royalistes des États-Unis, vint fournir au gouvernement un excellent moyen de tout concilier. On avait établi ces réfugiés dans la vaste région qui s'étend au nord des Grands Lacs, et comme ils n'entendaient ni les lois ni la langue françaises, il avait fallu les doter d'une espèce de gouvernement spécial. C'est ce qui donna au premier ministre Pitt l'idée de créer deux Canadas, l'un français, l'autre anglais, grâce auxquels il espérait mettre un terme à la rivalité des émigrants anglais et des anciens habitants, récompenser ceux-ci de leur fidélité, offrir à ceux-là un régime parlementaire à l'image de la métropole, soustraire les uns et les autres à la domination de majorités hostiles. Il fixa les limites du Haut et du Bas-Canada de manière que ce dernier comprît presque tout le territoire colonisé autrefois par la France : dans chaque province, un conseil législatif nommé par la couronne, une assemblée élue par les propriétaires d'un revenu de 2 livres sterling dans les collèges ruraux, de 5 livres dans les villes, et par les locataires des villes payant un loyer annuel de 10 livres ; droit de *veto* pour le roi ou son représentant sur les actes des deux chambres, durée des parlements fixée à quatre ans, convocation de la législature une fois au moins par an, l'acte d'*habeas corpus* consacré comme loi fondamentale, maintien des dîmes du clergé catholique et des droits des seigneurs, création d'une dotation en terres publiques pour le clergé anglican, défense au parlement impérial d'imposer d'autres taxes que des droits sur le commerce : voilà les principaux traits du bill de 1791.

II

La nouvelle constitution fut célébrée à Montréal, à Québec, par des banquets et des toasts, parmi lesquels, après le toast sacramentel au roi, on remarque ceux-ci : « La révolution de France et la vraie liberté dans tout l'univers ! — L'abolition de la tenure féodale ! — Que la liberté s'étende jusqu'à la baie d'Hudson ! — La révocation de l'ordonnance de la milice ! — Puisse l'événement du jour porter un coup mortel à tous les préjugés contraires à la liberté civile et au commerce ! » Telle était alors la timidité et l'insignifiance des journaux que la *Gazette de Montréal* n'osa mentionner ni le lieu du banquet, ni les noms des convives. Au reste, les divers régimes essayés au Canada, loi martiale et gouvernement militaire de 1760 à 1774, gouvernement civil absolu de 1774 à 1791, étaient naturellement peu favorables à l'éclosion d'une presse libre : le premier journal canadien, la *Gazette de Québec*, fondée en 1774, renferme à peine un article politique dans l'espace de neuf ans ; on n'y trouve que des annonces, des nouvelles étrangères empruntées aux papiers de Philadelphie et d'Angleterre, des pièces officielles, de très rares faits divers. Chaque page a deux colonnes, l'une en anglais, l'autre en français. En 1775 elle se vante « d'avoir mérité le titre de *la plus innocente gazette de la domination britannique* et qu'il y a très peu d'apparence qu'elle perde un titre si estimable. » C'est l'idéal de la feuille gouvernementale et salariée, et, pendant près de quinze ans, elle ne rencontre aucun compétiteur. En 1779, Fleury Mesplet entreprend de fonder sous le titre de *Tant pis ! tant mieux* ! un journal « du genre libellique » rédigé entièrement en français, mais quelques mois après, le gouverneur Haldimand met sous les verrous l'imprimeur, le rédacteur et tue du coup la feuille indépendante ; d'autres journaux eurent le même sort. Ce n'est qu'en 1791, au moment où on inaugure le système représentatif, que bien timidement encore, la presse politique entre en scène. Sous le nom de *Club constitutionnel*, se forme une association qui se réunit une fois par semaine, a pour but de répandre les connaissances politiques et publie un résumé de la constitution avec des notes explicatives. Les Canadiens étaient surtout familiers avec la littérature française du XVIIe siècle et de la seconde partie du XVIIIe siècle ; les livres français étaient rares, ceux du moins qui s'occupaient de la chose publique, les livres anglais presque introuvables. Cependant, après bien des recherches, on finit par se procurer un volume qui traitait de la constitution britannique ; les députés l'étudient, puis ces professeurs improvisés de science politique se mettent en marche pour visiter à domicile chacun de leurs collègues. Arrivés chez l'un d'eux, dit M. Sulte, auquel est empruntée cette curieuse anecdote, ils commentent le livre, extraient des passages en les comparant avec les articles de leur constitution, et quand la leçon est terminée, ils passent dans le comté voisin, et ainsi de suite, par toute la province. C'est presque une vérité passée à l'état de lieu-commun qu'une constitution ne vaut que par les hommes qui l'appliquent, qu'une charte n'est qu'une formule pour dégager l'inconnue ; les Espagnols ont si bien compris l'inanité des textes écrits qu'ils l'appellent : *una papeleta*, un chiffon de papier. Les lacunes qu'on observait dans le bill de 1791 se compliquaient de difficultés plus graves : marchands et fonctionnaires, royalistes américains et émigrés au Bas-Canada, tous réunis dans une communauté d'intérêts et de haines, forment une faction acharnée contre la population franco-canadienne. Les gouverneurs subissent en général leur ascendant, partagent leurs préjugés, entrent dans le complot ; le conseil législatif, l'administration, sont remplis de leurs créatures, et s'ils feignent d'accepter cette constitution de 1791, qu'ils subissent comme un pis-aller, c'est afin de pouvoir, comme certain notaire de notre théâtre contemporain, la tourner en ayant l'air de la respecter : tout ce qu'elle ne défend pas expressément, ils le considèrent comme permis du moment qu'il y va du maintien de leur domination ; tout ce qu'elle autorise en faveur des Canadiens, ils le regardent comme abusif, inique et dangereux. Deux accusations terribles pèsent sur ceux-ci : on leur reproche d'être Français et mauvais sujets (*French and bad subjects*) ; on leur fait une réputation imméritée d'ignorance, on froisse de gaîté de cœur leurs susceptibilités, on irrite leur amour-propre au point d'amener les plus singulières méprises. M. Panet, élu orateur c'est-à-dire président de l'assemblée du Bas-Canada, rendant visite au gouverneur, est conduit d'abord dans une salle où il trouve un grenadier posté près d'une table sur laquelle s'étale un registre. Le soldat prend une plume, la lui offre en lui indiquant la page où il doit signer. M. Panet se croit insulté : « Comment ! s'écrie-t-il, vous doutez que l'orateur de la chambre sache écrire ? Et cela parce que je suis Canadien ! » Et sans attendre la réponse, il quitte le château. Informé de l'incident, le gouverneur court présenter des explications à M. Panet, qui, à son tour, s'excuse d'avoir mal interprété un acte si naturel : « Votre Excellence, dit-il, voit l'état des esprits. On nous a rendus si méfiants à force de nous dénigrer que nous soupçonnons partout des pièges ou des actes d'insolence. »

Dès les premières séances du parlement bas-canadien, réuni le 17 décembre 1792, l'antagonisme éclate, les situations se dessinent : chevaleresque jusqu'à l'imprudence, la population française avait cru pouvoir, dans seize collèges sur cinquante, confier à des Anglais le soin de représenter ses intérêts. Elle en fut bien mal récompensée : à peine le gouverneur eut-il invité la chambre élective à se choisir un président et avenir le présenter à son approbation, les Anglais demandèrent aussitôt qu'il fût pris parmi eux. Après des débats animés, l'élection fut renvoyée au lendemain. Les seize se flattaient d'intimider des adversaires novices encore dans la stratégie parlementaire, de profiter d'une surprise, et ils proposèrent successivement trois candidats. L'un d'eux, M. Richardson, ayant soutenu que par loyauté, par reconnaissance, les Canadiens devaient accepter la langue de la métropole, M. Joseph Papineau s'éleva avec force contre les prétentions d'une minorité qui manquait à toutes ses promesses envers ses électeurs ; il demanda ce que signifiait la charte de 1791, si les droits de la majorité étaient violés, sa langue proscrite. « Eh quoi ! s'écria-t-il, parce que les Canadiens, devenus sujets de l'Angleterre, ne savent pas la langue des habitants de la Tamise, ils seront privés de leurs droits ! » A son tour, M. Panet observa qu'on parlait le français dans les îles de Jersey et de Guernesey, qui étaient attachées à l'Angleterre depuis Guillaume le Conquérant et dont les habitants lui gardaient une fidélité à toute épreuve. « Il aurait pu, dit M. Garneau, ajouter que durant trois siècles après la conquête normande, la cour, l'église, la justice, la noblesse avaient parlé français en Angleterre, que c'était la langue maternelle de Richard Cœur de lion, du Prince Noir et même de Henri V, que tous ces personnages avaient été bons Anglais, qu'ils avaient, avec leurs arbalétriers bretons et leurs chevaliers de Guyenne, élevé la gloire de l'Angleterre à un point où les rois de la langue saxonne n'avaient pu la porter ; enfin que l'origine de la grandeur de l'empire était due à ces héros et aux barons normands qui avaient signé la grande charte et dont les opinions avaient toujours conservé leur influence dans le pays. »

Les Canadiens l'emportèrent, et leur candidat, M. Panet, réunit 28 suffrages contre 18. Après avoir voté une adresse au roi pour le remercier de l'octroi de la constitution, les chambres s'occupèrent de leurs règlements, qu'elles calquèrent sur celui du parlement impérial. Ce travail donna lieu au parti anglais de reprendre l'offensive. M. Grant ayant proposé que les procès-verbaux de l'assemblée fussent rédigés en anglais, sous prétexte qu'il fallait garder l'unité de la langue légale et qu'aucune législature coloniale n'avait le droit de s'en écarter, les Canadiens protestèrent avec énergie : « Pourquoi donc, dit M. de Rocheblave, nos collègues anglais se récrient-ils en nous voyant décidés à conserver nos usages, nos lois et notre langue maternelle, seul moyen qui nous reste de défendre nos propriétés ? Le stérile honneur de voir dominer leur langue les portera-t-il à ôter leur force et leur énergie à ces mêmes lois, à ces usages, à ces coutumes qui font la sécurité de leur propre fortune ? Maîtres sans concurrence du commerce qui leur livre nos productions, n'auraient-ils pas infiniment à perdre dans le bouleversement général qui serait la suite infaillible de cette injustice ? Et n'est-ce pas leur rendre le plus grand service que de s'y opposer ? » Tous les amendements de la minorité furent repousses, et on décida que les procès-verbaux seraient écrits dans les deux langues, les lois rédigées en français ou en anglais, selon qu'elles auraient rapport aux lois françaises ou anglaises en vigueur. Les membres de l'assemblée se trouvèrent plus unis contre le conseil législatif, qui semblait vouloir empiéter sur leurs prérogatives ; elle déclara à l'unanimité qu'ayant les mêmes privilèges que la chambre des communes, l'initiative lui appartenait en matière d'impôts, que le conseil ne pouvait point modifier les bills de finances, mais devait se contenter de les approuver ou de les rejeter en bloc ; en même temps elle votait des droits d'entrée sur les boissons, afin de couvrir les dépenses de la législature. D'autres objets sollicitèrent son attention : l'instruction publique, l'administration de la justice, l'abolition de l'esclavage, un bill de tolérance religieuse en faveur des quakers. Seul ce dernier aboutit ; le bill sur l'esclavage ne passa point, parce qu'on s'en remit à l'opinion publique du soin de faire justice d'une institution si contraire au caractère canadien : en 1784, le nombre des noirs ne dépassait pas trois cent quatre, et depuis longtemps ils ont disparu de ce pays, sans qu'il ait été nécessaire de recourir à une mesure législative. Le bill sur l'éducation se trouva ajourné, parce qu'il se compliquait de la question des biens des jésuites, confisqués en 1776 ; on se contenta de demander au roi d'appliquer ces biens à l'instruction de la jeunesse, de leur rendre ainsi leur ancienne destination, puisqu'ils avaient été donnés autrefois dans cette intention par les rois de France.

Les années suivantes sont des années de calme, de tranquillité relative, presque de celles qui font dire que les peuples heureux n'ont point d'histoire. Très sympathique à la population canadienne, le gouverneur lord Dorchester lui fait une part dans les emplois, s'efforce d'entretenir l'harmonie entre les branches de la législature, publie de sages règlements pour la vente des terres publiques, règlements que la coterie mercantile réussit bientôt à éluder. Au reste, elle remet l'épée au fourreau, attendant une occasion favorable, tandis que, satisfaits d'avoir maintenu leurs positions, de se sentir traités avec douceur, indignés des crimes de la révolution française, les Canadiens se rapprochent du gouvernement. Déjà d'ailleurs la chambre prenait pour règle de donner aux lois la plus courte durée possible, de même que le parlement britannique vote pour un an le bill de l'armée, afin de ne pas permettre au gouvernement de se passer de lui. Chaque année, elle renouvelle à lord Dorchester ses pouvoirs pour former une milice soumise et assurer la tranquillité intérieure ; sous couleur d'intrigues réelles ou supposées de l'ambassadeur de la république française, il obtient de même la suspension de l'*habeas corpus* à l'égard des étrangers suspects, mesure qui plus tard fut étendue aux citoyens eux-mêmes sous l'administration de sir James Craig. A cette époque, tout étranger au Canada passait pour un émissaire de la révolution et on lui courait sus, de même qu'en France tout inconnu était considéré comme un-agent de Pitt et Cobourg. C'est en 1793 que, pour la première fois, le budget est mis sous les yeux des contribuables : les recettes ne dépassent pas sept à huit mille livres. Les Canadiens ne connaissent guère alors l'impôt que par ouï-dire, et, aujourd'hui encore, ils continuent à repousser le système de la taxe directe, la taille, comme on l'appelait jadis ; c'est le règne de l'âge d'or en matière de finances.

A lord Dorchester succéda le général Robert Prescott, homme d'un caractère ombrageux, hanté sans cesse par le cauchemar de la révolution française, et qui ne voyait que complots partout. Une rébellion insignifiante, à propos d'un bill sur les chemins publics, que quelques-uns avaient interprété comme un retour au système des corvées, porta au comble l'alarme de ce gouverneur, qui, sous prétexte d'une conspiration plus que ridicule, fit juger, condamner, exécuter avec un grand appareil militaire un enthousiaste américain, nommé Mac-Lane. Après la pendaison, le bourreau lui trancha la tête, la montra au peuple ; puis il ouvrit le cadavre, en arracha les entrailles, les brûla, et fit des incisions aux quatre membres. Loin de frapper de terreur la population, ce procédé barbare, inconnu au Canada, excita en elle un sentiment d'horreur et, de pitié. Mac-Lane passa pour un pauvre halluciné que l'on avait attiré dans un guet-apens : son dénonciateur, un certain Black, membre de la législature, qui avait joué le rôle de traître dans ce mélodrame, fut repoussé par tout le monde, et, malgré l'or qu'il avait reçu, tomba dans une profonde misère.

Cependant la loi contre les étrangers ne suffisait plus à Prescott, qui fit conférer au conseil exécutif ou à trois de ses membres le droit d'envoyer en prison tout citoyen suspect de pratiques séditieuses. Il fallait, disait-il, « neutraliser les efforts des émissaires que la révolution française avait répandus partout pour troubler l'ordre social. » Le conseil exécutif se rendait coupable de prévarications dans la régie des terres publiques, s'attribuait, sous des noms d'emprunt, ou donnait à ses amis de vastes domaines : Prescott désapprouva la régie des terres, dénonça les abus, reçut des instructions pour y remédier et se trouva bientôt en lutte ouverte avec le conseil, qui réussit, en 1799, à obtenir son rappel. A son tour, l'assemblée sortit de la réserve où elle se tenait depuis suc ans ; d'assez vifs débats s'engagèrent sur la question des biens des jésuites et au sujet d'un député condamné pour escroquerie : elle l'exclut, il fut deux fois réélu, et il fallut qu'une loi spéciale le rendit inéligible. Les élections générales de 1800 ayant fait entrer à la chambre un certain nombre de- fonctionnaires) celle-ci autorisa la création de l'*Institution royale*, qui, dans la pensée de ses promoteurs, devait contribuer à angliciser le pays. Da même coup, la direction de l'enseignement passa au gouverneur, qui marqua une grande partialité en faveur des protestants, ressuscita la politique d'exclusion contre les Canadiens, mit une foule d'obstacles à la concession des terres et à l'établissement légal, de nouvelles paroisses catholiques.

Dos 1805, tout indique une prochaine reprise des hostilités : afin d'avoir un organe à eux, les Anglais fondent le *Québec Mercury*, qui, tout d'abord, se pose en champion de la camarilla coloniale, attaque avec violence la majorité, traite les Canadiens de *race étrangère, ignorante*, et lance ce cri de guerre : « Après une possession de quarante-sept ans, il est juste que la province, enfin, devienne anglaise. » De leur côté, les Canadiens s'apprêtent à. la résistance : dans la chambre, ils votent une taxe sur les marchandises, en dépit de la minorité, qui réclame une taxe foncière et prie en vain le roi d'opposer son *veto* ; ils décrètent de prise de corps l'éditeur de la *Gazette de Montréal*, le font arrêter et placer sous la garde du sergent d'armes ; celui du *Mercury* n'échappe à la prison, qu'en présentant des excuses à l'assemblée. La presse, à cette époque, écrit M. Bedard, avait fait si peu de progrès, qu'on n'avait pas encore pensé à légiférer sur le plus ou moins de liberté qu'elle devait avoir, et les représentants n'hésitaient point à se faire justice eux-mêmes. L'évêque protestant ayant été appelé à la présidence de l'*Institution royale*, le clergé catholique la repousse et paralyse son fonctionnement. Enfin, le journal *le Canadien* fait son apparition, le 13 novembre 1806, sous la forme de « Prospectus d'un papier périodique, imprimé et publié par Charles Roi, quatre pages in-4°, paraissant tous les samedis. Prix : 10 schillings par an, outre 40 sous de frais de poste. » On y lit ces remarquables réflexions : « Il y a déjà longtemps que des personnes, qui aiment leur pays et leur gouvernement, regrettent en secret que le rare trésor que nous possédons dans notre constitution demeure si longtemps caché, faute de l'usage de la liberté de la presse… C'est cette liberté qui rend la constitution anglaise si propre à faire le bonheur des peuples qui sont sous sa protection… Le despote ne connaît le peuple que par le portrait que lui en font les courtisans, n'a d'autres conseillers qu'eux. Sous la constitution d'Angleterre, le peuple a le droit de se faire connaître lui-même par le moyen de la presse ; et, par l'expression libre de ses sentiments, toute la nation devient, pour ainsi dire, le conseiller privé du gouvernement… Les Canadiens, comme nouveaux sujets de l'empire, ont surtout intérêt à n'être pas mal représentés. Il n'y a pas longtemps, qu'on les a vus flétris par de noires insinuations, dans un papier publié en anglais, sans avoir eu la liberté d'y insérer un mot de réponse. Ils ont intérêt à dissiper les préjugés ; ils ont intérêt surtout à effacer les mauvaises impressions que les coups secrets de la malignité pourraient laisser dans l'esprit de l'Angleterre et du roi lui-même. On leur a fait un crime de se servir de leur langue maternelle pour exprimer leurs sentiments et se faire rendre justice ; mais les accusations n'épouvantent que les coupables : l'expression sincère de la loyauté est loyale dans toutes les langues. » Rédigé par les principaux hommes politiques canadiens, combattant ses ennemis sur le terrain où ceux-ci se sont placés, le nouveau journal contribua singulièrement à l'éducation constitutionnelle du pays : tour à tour grave et léger, il manie avec succès l'épigramme et la satire, si chères à cette race chansonnière, fait pleuvoir sur le *Mercury* et ses alliés une grêle de petits vers. Les chouayens (c'est ainsi qu'on appelait les faux patriotes, transfuges de la cause nationale) y sont daubés d'importance, et leur chef, le juge de Bonne, le premier Canadien du parti du château, reçoit les étrivières à maintes reprises.

Le conflit éclate dans toute son intensité en 1807, à l'arrivée de sir James Craig, qui, dès le premier jour, se met entre les mains des deux chefs de la faction francophobe, Ryland et Sewell, et se montre disposé à traiter les Canadiens comme des ilotes politiques. L'assemblée ayant, à l'imitation de l'Angleterre, déclaré inéligibles les juifs et les juges, les fonctionnaires s'empressent de la dénoncer comme centre de la sédition et refuge des démagogues les plus passionnés de la province ; ils font retrancher de la liste des officiers de milice M. Panet, président de la chambre, ainsi que MM. Bedard, Taschereau, Blanchet et Borgia. Ryland pousse l'arrogance jusqu'à écrire à M. Panet que le gouverneur a dû prendre cette mesure, parce qu'il a de bonnes raisons de le considérer comme l'un des propriétaires du *Canadien*) « cette feuille diffamatoire, qui se répand de tous côtés pour déprimer le gouvernement, exciter au mécontentement la population, créer un esprit de discorde et d'animosité entre les deux éléments qui la composent. » Cela n'empêcha nullement les patriotes d'être choisis de nouveau par le peuple en

1809 : ces élections firent entrer au parlement un homme qui, pendant longtemps, allait exercer une influence considérable, Louis-Joseph Papineau, fils du député Papineau. La loi ne défendant pas aux femmes de voter, plusieurs en profitèrent pour aller au poil, et, parmi elles, la mère du jeune candidat. Quand on lui demanda pour qui elle désirait voter, elle répondit : « Pour mon fils, M. Joseph Papineau, car je crois que c'est un bon et fidèle sujet. » Tribun éloquent, improvisateur passionné, incorrect et fougueux, M. Papineau faisait à son gré la tempête ou le soleil dans l'âme de ses auditeurs : par la chaleur de son patriotisme, la véhémence de sa diction, il savait éveiller en eux les sentiments d'honneur et d'indépendance ; mais son imagination, son courage, manquaient du contrepoids d'une raison supérieure qui l'aurait détourné des résolutions imprudentes dans lesquelles il devait plus tard entraîner ses compatriotes.

M. Panet fut réélu orateur de l'assemblée, et Craig n'osa lui refuser sa ratification, mais son discours d'inauguration contenait des allusions désagréables à la majorité. En guise de représailles, M. Bourdages demanda que l'assemblée exprimât son opinion sur la camarilla : on lui répondit qu'elle ne pouvait attaquer directement l'administration, puisqu'il n'y avait pas au Canada de ministère responsable comme en Angleterre. M. Bedard s'empara de l'objection, et, avec une grande hauteur de vues, montra que cette absence de responsabilité constituait justement le vice fondamental de la charte de 1791, que, sans elle, on n'aurait jamais que le simulacre d'un gouvernement constitutionnel. Sans ministère, la chambre se trouvait enfermée dans ce dilemme : ou déserter son devoir et abdiquer, ou critiquer directement le représentant même du roi, ce qui, observait M. Bedard, serait une chose monstrueuse, parce qu'on doit voir dans le gouverneur la personne sacrée de sa majesté et lui appliquer la maxime en vertu de laquelle elle est irresponsable. Le juge de Bonne, organe du château, s'éleva contre cette théorie, qu'il déclarait inventée pour avilir, l'autorité royale et le souverain lui-même. M. Bedard devançait son époque, et, comme tous les précurseurs, il ne fut compris ni de ses amis, ni de ses adversaires : la majorité se contenta d'expulser de nouveau M. Hart, député des Trois-Rivières, en sa qualité d'israélite, et de renouveler le bill des juges.

C'était encore beaucoup trop aux yeux de la faction, qui arrêta de recourir à une dissolution de la chambre. Celle-ci siégeait depuis trente-six jours seulement. On prépara l'exécution de ce projet comme on prépare l'exécution d'un complot, et les représentants n'en eurent connaissance que lorsque les grenadiers de la garde arrivèrent devant leur porte. Le discours de prorogation était bien plutôt la semonce d'un pédagogue irrité qui va appliquer la férule à des écoliers mutins, que la harangue d'un gouverneur constitutionnel. S'érigeant en juge des délibérations de l'assemblée, Craig lui reprocha d'avoir consumé son temps en débats stériles, abusé de ses fonctions, manqué de respect envers les autres branches de la législature. Pour accentuer son hostilité, il remercia de leur zèle les membres du conseil législatif et manifesta l'espoir que des représentants mieux choisis sauraient travailler avec plus de concert et de fruit au bien public. « Je m'attendais, ajoutait-il, à ce que vous feriez des efforts sincères pour assurer la concorde... J'avais droit d'espérer cela de votre part, parce que c'était votre devoir, parce que c'eût été donné au gouvernement un témoignage positif de la loyauté dont vous faites si hautement profession et dont je crois que vous êtes pénétrés ; enfin, parce que les conjonctures critiques du temps présent, et surtout la situation précaire où nous sommes par rapport aux États-Unis, l'exigeaient d'une manière plus particulière. Je regrette d'avoir à constater que j'ai été trompé dans mon attente, déçu dans toutes mes espérances. » Ainsi, au moment même où, de son propre aveu, la guerre avec les États-Unis devenait imminente, sir James Craig ne craignait pas de tenir une conduite qui aurait pu avoir des suites si graves si elle eût obtenu l'approbation de l'Angleterre. Heureusement, celle-ci appréciait mieux la situation, et le gouverneur reçut l'ordre de sanctionner le bill des juges, s'il passait devant les deux chambres. Le peuple canadien renvoya les patriotes, rejeta les indécis, et la nouvelle assemblée commença par voter que toute tentative pour lui dicter sa conduite et censurer ses actes constituait une violation de ses privilèges, une dangereuse atteinte aux libertés publiques ; puis, afin d'avoir barre sur ces fonctionnaires qui affectaient de la décrier, de la traiter avec mépris, elle arrêta une adresse au parlement impérial par laquelle elle offrait de se charger de toutes les dépenses civiles. Et comme le conseil législatif cherchait à amender le bill des juges, elle perdit patience, et, par un simple vote, déclara vacant le siège du juge de Bonne.

Alors Craig entre en fureur et, voulant punir les représentants de cet acte d'énergie contre un de ses favoris, il prononce une nouvelle dissolution ; décidé à frapper de grands coups pour intimider les électeurs, il fait jeter en prison l'imprimeur du *Canadien*, les députés Bedard, Taschereau et Blanchet, sous l'inculpation de haute trahison. Pendant quelques jours, Québec semble une ville en état de siège, les gardes de la ville sont augmentées, des patrouilles parcourent les rues, la malle est détenue afin de saisir, disait-on, les fils du complot, des mandats d'arrêt décernés contre divers notables de Montréal. Le gouverneur adresse au peuple une proclamation où il dénonce avec une ridicule violence de langage les prétendus conspirateurs. Il écrit à lord Liverpool, ministre des colonies, qu'un parti démocrate nombreux répand ses dangereux principes dans toutes les parties du Canada, que sa conduite est devenue si intolérable qu'il a dû prendre des mesures énergiques. « Les Français et les Anglais, dit-il dans une autre dépêche, ne se fréquentent point : les Canadiens sont d'une ignorance extrême, ivrognes, insolents envers leurs supérieurs et lâches sur le champ de bataille ; ils deviennent d'autant plus audacieux que Bonaparte remporte de grands succès en Europe et préméditent de rétablir le drapeau français au Canada. » Afin de prévenir de telles éventualités, il conseille soit d'abolir la constitution, soit de réunir les deux Canadas, tout au moins de grouper les comtés de manière à augmenter le nombre des députés anglais dans la chambre du Bas-Canada ; le roi devait nommer les curés ; il convenait aussi de s'emparer des biens du séminaire de Montréal. Il confia ses dépêches à son secrétaire Ryland, qui eut plusieurs entretiens avec lord Liverpool, avec Robert Peel, et fut appelé à une séance du conseil, où il déclara qu'il regardait les membres de l'assemblée a comme une bande de démagogues méprisables. » Le ministère aurait peut-être prêté l'oreille à ces suggestions, s'il n'eût craint l'opposition du parlement, si, d'autre part, la guerre contre Napoléon Ier, l'attitude de plus en plus hostile des États-Unis ne l'avaient obligé à une grande prudence. Pour la troisième fois depuis la conquête, les Canadiens allaient devoir leur salut à des causes extérieures, et cette tactique de l'Angleterre fait songer au mot célèbre d'O'Connell : *England's difficulties are Ireland's opportunities*. Ryland échoua dans sa mission et Craig reçut des instructions dans le sens d'une politique différente de celle qu'il conseillait.

Il avait pu se convaincre d'ailleurs qu'il est plus facile d'intenter des procès de tendance que de les justifier, car le complot n'existait que dans son imagination et les lois n'avaient été violées que par lui. On eut beau examiner, retourner en tout sens les articles du *Canadien*, on n'y trouva que l'expression d'une fidélité absolue à la constitution britannique et à la royauté. On n'osa point faire de procès aux prisonniers, mais, petit à petit, sous divers prétextes, on les mit en liberté, à l'exception de M. Bedard, qui refusait de quitter son cachot avant d'avoir subi le jugement d'un jury. Le peuple renomma ses défenseurs et la session de 1810 s'ouvrit d'une manière plus calme qu'on ne pensait. Dans son discours du trône, le gouverneur ne dit pas un mot des derniers événements, affirma qu'il n'avait jamais douté de la loyauté des différents parlements qu'il avait convoqués et invita les chambres à renouveler les lois établies pour la sûreté du pouvoir. Tout en répondant sur un ton conciliant, l'assemblée fit remarquer que l'application de ces lois lui commandait de s'assurer s'il ne convenait pas de les modifier de façon à affirmer la confiance entre le gouvernement et le peuple ; elle demanda ensuite à Craig de relâcher M. Bedard. Il ne voulut point paraître se rendre à ces injonctions, mais on comprit qu'il ajournait sa décision pour avoir l'air de prendre lui-même l'initiative de cette mesure. La session se passa assez tranquillement et, en prorogeant le parlement, le gouverneur lui dit que, parmi les nouvelles lois sanctionnées, il avait vu avec une satisfaction particulière celle qui rendait les juges inéligibles. « Non-seulement, observait-il, je crois la mesure bonne en soi, mais j'en regarde l'adoption comme une entière renonciation à un principe erroné qui m'a mis, pour le suivre, dans la nécessité de dissoudre le dernier parlement. » On ne saurait trop admirer celte élasticité, cette souplesse du régime constitutionnel qui permet à un chef d'état de se métamorphoser avec une rapidité toute protéenne, de faire bonne mine à mauvais jeu, en passant subitement de l'absolutisme au libéralisme, de l'état de guerre à l'état de paix, en justifiant cet adage politique d'après lequel le roi ne saurait mal faire parce qu'il n'a pas de volonté propre et peut se dégager à chaque instant. Peu après cette capitulation de Craig, M. Bedard était remis en liberté sans condition et il s'empressait d'adresser à ses électeurs les réflexions suivantes, bien frappantes de la part d'un homme qui venait de subir une longue et injuste détention : « Le passé ne doit pas nous décourager ni diminuer notre admiration pour notre constitution.

Toute autre forme de gouvernement serait sujette aux mêmes inconvénients et à de bien plus grands encore. Ce que celle-ci a de particulier, c'est qu'elle fournit les moyens d'y remédier. Toutes les difficultés que nous avions déjà éprouvées n'avaient servi qu'à nous faire apercevoir les avantages de notre constitution. Ce chef-d'œuvre ne peut être connu que par l'expérience. Il faut sentir avec bonne foi les inconvénients qui peuvent résulter du défaut d'emploi de chacun de ses ressorts pour être bien en état d'en saisir l'utilité… »

Les Canadiens espéraient donc faire tomber les préjugés de l'Angleterre à force de sagesse et de loyalisme ; ils marchaient pas à pas dans la route de la liberté, fidèles à leurs chefs, fidèles à eux-mêmes, préférant les lentes réformes aux révolutions, l'histoire au roman et regardant cette administration de Craig, qu'ils appelèrent le *règne de la terreur*, comme un de ces fléaux de la nature qui passent sans laisser de profondes traces. On en eut la preuve lorsque son successeur, le général Prévost, vint avec confiance réclamer leur concours contre la république américaine. Le droit de visite que s'arrogeait l'Angleterre, son refus d'admettre le principe que lu pavillon couvre la marchandise, furent les prétextes de cette guerre, dont le vrai motif était la conquête de ces provinces anglaises, qui semblaient peser sur les États-Unis dans toute la largeur du continent. Vainement les Américains s'adressèrent-ils aux Canadiens en leur promettant la liberté civile, politique et religieuse, ceux-ci restent sourds à cet appel. Dès son arrivés, le général Prévost a su gagner leurs bonnes grâces. MM. Pierre Bedard et Bourdages, nommés, le premier juge de paix aux Trois-Rivières, le second colonel de la milice, Mgr Plessis, invité à formuler dans un mémoire ses vœux, reconnu officiellement comme évoque catholique de Québec avec tous les droits exercés autrefois par ses prédécesseurs, puis investi par le prince régent d'un traitement de mille louis, Ryland et la coterie des fonctionnaires obligés, ainsi que l'évêque protestant, de rentrer dans l'ombre, tels sont les premiers gages donnés par ce gouverneur au peuple. La chambre vote plusieurs amendements à la loi des suspects, qui, par suite du refus du conseil législatif de les adopter, tombe au moment même où la guerre va éclater ; à l'unanimité moins une voix, elle décrète une enquête sur les abus qui ont signalé l'administration de Craig ; puis, cette satisfaction donnée à sa dignité, elle autorise Prévost à mettre sur pied la milice entière et lui accorde des subsides considérables qu'elle renouvelle les années suivantes. Pendant toute lette guerre, les miliciens se montrent dignes de ce beau surnom de *peuple gentilhomme* que l'Anglais Andrew Stuart leur décerna plus tard ; à la tête de six cents voltigeurs canadiens contre sept mille Américains, le colonel de Salaberry gagne, le 26 octobre 1813, cette bataille de

Châteauguay, qui produisit un effet décisif et que les poètes nationaux ont comparée aux Thermopyles. Le prince régent et le duc de Kent déclarèrent que Salaberry et ses soldats étaient les *sauveurs du pays*, les *héros de Châteauguay*. Vers la fin de 1814, l'Angleterre, victorieuse sur le continent, pouvait jeter en Amérique une partie de ses armées, les ports des États-Unis se trouvaient bloqués, leur commerce gravement compromis et, malgré d'assez grands succès partiels, le sort des armes leur avait été plutôt défavorable : le traité du 24 décembre stipula la restitution réciproque de toutes les conquêtes et réserva à la décision de commissaires nommés par les deux gouvernements la question des frontières du Canada et du Nouveau-Brunswick.

III

En donnant sans compter leur sang et leur argent, les Canadiens croyaient qu'on leur saurait gré de leurs sacrifices : ils ne tardèrent pas à comprendre que la reconnaissance de l'Angleterre ne durait pas plus que sa faiblesse. En ce qui les concerne, la seule différence qu'ils aperçoivent entre un ministère tory et un ministère whig, c'est que l'un monte aux affaires tandis que l'autre en descend : des deux côtés mêmes défiances, même penchant à écouter la coterie coloniale, à reprendre en sous-œuvre les projets de Ryland. Les fautes se répètent avec une

46

servilité affligeante, et Mgr Plessis écrit en 1820 :
« Les ministres britanniques changent, mais l'esprit
du ministère ne change point. » La chambre avait
accusé le juge Monk d'avoir malversé et le juge
Sewell d'avoir poussé le gouverneur Craig à violer la
constitution ; elle prétendait entretenir un agent à
Londres et avait voté une somme de 5,000 livres
sterling pour offrir à Prévost un témoignage de la
reconnaissance publique ; le conseil législatif lui fait
échec sur tous les points, dirige les accusations les
plus injustes contre le gouverneur qui avait tant
contribué à conserver le Canada et qui mourut avant
que l'Angleterre eut reconnu ses services. Son
successeur, le général Drummond, débute en 1816
par un message hautain où il informe le parlement
local que les plaintes contre les juges Sewell et
Monk sont considérées comme non avenues, et, au
moment même où celui-ci allait riposter sous forme
d'une adresse au prince, il prononce sa dissolution.
Cependant, tels étaient les abus des fonctionnaires
qu'il dut lui-même provoquer la destitution du chef
du service des postes et qu'il se vit forcé d'écrire aux
ministres qu'il n'y avait plus de place au sud du
Saint-Laurent pour les émigrants et les soldats
licenciés : en moins de vingt ans, plus de trois
millions d'acres avaient été concédés à des
spéculateurs, à des favoris ; le gouverneur Milnes
s'en était adjugé 70,000 pour sa part. C'était
l'application cynique du proverbe turc : « Le trésor

public est une mer ; qui n'y boit pas est un sot. »
Pour justifier ces exactions par un semblant de
politique, la bureaucratie alléguait que cette bordure
de loyaux sujets sur la frontière empêcherait les
Canadiens de pactiser avec les États-Unis. « Folle
politique ! s'écria le député Andrew Stuart, qui, avec
MM. Papineau fils, Viger et John Neilson, avait
l'honneur de diriger alors la majorité de la chambre.
On craint le contact de deux peuples qui ne
s'entendent pas et l'on met là pour barrière des
hommes de même sang, de même langue, des
hommes qui ont les mêmes mœurs et la même
religion que l'ennemi ! »

Sir John Sherbrooke, qui remplaça, en 1816, le
général Drummond, conseilla aux ministres de
changer de tactique : permettre à la chambre d'avoir
un agent à Londres, chercher à gagner par des
emplois les chefs du clergé et du peuple, les placer
entre leur conscience et leur intérêt, lui semblaient
des moyens bien autrement sûrs que la coercition,
qui ne ferait qu'accroître la haine et la discorde. Le
bureau des colonies ne dédaigna pas entièrement ces
avis, bien qu'il penchât pour une lutte ouverte et que
lord Bathurst encourageât le gouverneur à tenter une
nouvelle dissolution et à s'appuyer sur le conseil
législatif, instrument commode, destiné à jouer le
rôle de ces rajahs de l'Inde, de ces empereurs de
Java, véritables poupées dont les Anglais et les
Hollandais tiennent les ficelles. D'ailleurs, tout en

accordant à Sherbrooke des témoignages de sympathie, l'assemblée se tenait sur ses gardes : comme ces peuples auxquels Napoléon Ier avait enseigné l'art de la guerre à force de les battre, elle avait, sous le dur patronage de l'Angleterre, appris la stratégie constitutionnelle, savait maintenant choisir son terrain de combat, possédait le secret des retraites et des retours parlementaires. Le point le plus vulnérable, c'était le budget delà liste civile, qui renfermait toutes les autres questions, qui, à d'autres époques, 'en d'autres pays, avait soulevé de si formidables tempêtes : les Canadiens portèrent leurs attaques de ce côté, soutenus par cette conviction profonde que *les abus seuls sont révolutionnaires et les réformes conservatrices*, que chaque nouvelle prérogative budgétaire arrachée au pouvoir fortifiait leur nationalité, qu'en un mot rien ne serait fait tant qu'ils n'auraient pas la haute main sur les finances.

La question venait, pour ainsi dire, au-devant d'eux ; car, pendant les dernières années, les dépenses avaient de beaucoup excédé les sommes votées par la législature, si bien que l'année 1817 s'annonçait avec un déficit de 120,000 livres sterling. La science budgétaire était encore dans l'enfance, à ce point qu'on ne mettait pas sous les yeux des chambres les comptes des dépenses, les traitements du clergé, les pensions, et que lord Bathurst, consulté par Sherbrooke, répondait que le silence de celles-ci pouvait passer pour une approbation tacite. Le dissentiment le plus complet ne tarda pas à régner entre le conseil législatif et l'assemblée, le premier réclamant des subsides accordés en bloc et pour la vie du roi, la seconde voulant les voter soit par articles, soit par chapitres et tous les ans ; car, observait-elle, la dépense de l'état formant la presque totalité de la dépense publique, une fois celle-ci votée pour la durée du règne, le parlement demeurait désarmé en présence du gouverneur et n'avait plus aucun moyen de contrôler les fonctionnaires. Les successeurs de Sherbrooke, le duc de Richmond, Monk, Maitland, ayant pris parti pour le conseil, le peuple, après plusieurs dissolutions successives, renvoya les mêmes députés et l'on continua à tourner dans un cercle vicieux. La situation s'aggrava avec le comte de Dalhousie, qui fut un second Craig avec des dehors plus étudiés et plus doux : il arriva, vers la fin de 1820, muni d'instructions du bureau des colonies, qui pouvaient se résumer ainsi : « Ne se prêter à aucune concession sur la question des finances, continuer à encourager le conseil législatif dans son opposition contre l'assemblée, tout refuser à celle-ci et mettre les ministres à même de prouver au parlement impérial qu'il fallait détruire l'œuvre de Pitt, révoquer la constitution de 1791. »

Peu s'en fallut que cette combinaison n'obtînt un plein succès dans le courant de l'année 1822 : un certain Ellice, gendre de lord Grey, ayant réussi à persuader au ministère que le moment était favorable, celui-ci présenta à la chambre des communes le bill d'union à une époque de la session où il y avait à peine soixante députés présents. Il avait organisé en sa faveur la conspiration du silence, et déjà la loi venait de passer inaperçue en première lecture, lorsqu'un ancien marchand du Canada, nommé Parker, ennemi personnel d'Ellice, eut vent de la machination, alla trouver sic James Mackintosh, sir Francis Burdett, et les détermina à se mettre en travers du cabinet. Le bill fut renvoyé à l'année suivante, malgré les étranges supplications d'un des ministres, M. Wilmot, qui réclamait un vote instantané par ce motif que « si on ne se hâtait pas, on recevrait tant de pétitions contre la mesure qu'il deviendrait fort difficile de l'adopter, quelque utile qu'elle pût être à ceux mêmes qui s'y opposaient par ignorance ou par préjugé. » Diminution de la représentation du Canada, droit pour des conseillers non élus de prendre part aux débats de l'assemblée, révision des pouvoirs de celle-ci en matière d'impôt, abolition de l'usage officiel de la langue française, restrictions à la liberté religieuse, aux privilèges de l'église catholique, telle était la substance de ce projet, qui, selon le mot de Garneau, réduisait presque le Canadien-Français à l'état de l'Irlandais.

A peine connue au Canada, cette tentative d'escamotage constitutionnel produisit une extrême agitation : on tint des assemblées publiques, de toutes parts des comités s'organisèrent, le peuple en masse signa des pétitions. Les partisans de l'union eurent aussi leurs meetings, où ils laissèrent éclater leur antipathie contre les anciens habitants ; mais à leur grande surprise, ils se virent abandonnés par les Anglais du Haut-Canada, qu'ils croyaient gagnés à cause d'une question de partage des droits de douane du port de Québec. Ceux-ci déclarèrent en majorité qu'ils se tenaient pour satisfaits de leur constitution, tandis que le nouveau projet diminuerait leurs libertés. L'assemblée du Bas-Canada vota contre l'union les résolutions les plus énergiques en dépit de M. Ogden, qui s'évertua à soutenir ce sophisme de toutes les usurpations, qu'il est quelquefois du devoir des législateurs de chercher le bonheur du peuple malgré lui. Son amendement ne rallia que trois voix, et tel était le courant de l'opinion publique, que, dans le conseil législatif lui-même, le gouverneur ne put recruter plus de six unionistes. Envoyés comme délégués en Angleterre pour y porter les pétitions et les adresses du parlement, MM. Neilson et Papineau eurent des entrevues avec des membres de l'opposition, avec lord Bathurst et Wilmot, ministre et sous-secrétaire aux colonies. Sur la promesse formelle que l'union ne serait point proposée dans cette session, ils s'abstinrent de présenter les pétitions destinées, aux deux chambres et rédigèrent un mémoire dans lequel ils exposaient fortement les raisons qui commandaient le maintien de la constitution de 1791 : la fidélité des Canadiens dans la guerre de 1812, les malheurs qui pouvaient résulter de changements politiques accomplis contre le gré des peuples, l'avantage pour des provinces de ne pas avoir des limites trop étendues, la différence des coutumes, de la religion et même des préjugés. Ils disaient aussi « que la langue de son père, de sa famille, de ses premiers souvenirs, est infiniment chère à tout homme, » et que les menaces de l'abolir étaient douloureusement ressenties dans un pays où cette même langue avait tant contribué à conserver le Canada à la Grande-Bretagne au temps de la révolution américaine. Bien qu'Anglais de race et protestant, M. Neilson, comme bon nombre de ses compatriotes, faisait cause commune avec les Canadiens ; imprimeur et directeur de la *Gazette de Québec*, ami personnel des membres les plus distingués du clergé catholique, esprit froid, énergique dans la modération, circonspect avec fermeté, il eut une grande influence sur la colonie, où ses conseils furent longtemps acceptés comme des oracles.

Au Canada, la banqueroute du receveur général Caldwell, un des chefs du conseil législatif, portait un coup terrible à ce dernier et confirmait l'attitude de l'assemblée : elle avait donc raison d'exiger ce contrôle qu'on lui refusait, de prétendre pénétrer dans le labyrinthe des finances, de croire que la défiance des fonctionnaires est le commencement de la liberté. Dans la session de 1823, le gouverneur dut informer le législateur que Caldwell avait emprunté à la caisse publique 96,000 livres sterling, somme presque égale à deux années de revenus. Enhardi par le succès de MM. Papineau et Neilson, par ce *krach* dont la honte rejaillissait sur ses adversaires, complices volontaires ou inconscients du receveur-général, la chambre déclara le gouvernement responsable de ces concussions, et, dans une adresse au roi, elle représenta qu'on l'avait toujours empêchée de les prévenir. Elle reprochait aussi à lord Dalhousie d'avoir dépensé sans autorisation l'argent de la province : il répondit qu'il y avait été contraint par le refus d'accorder les subsides et invoqua l'exemple de Pitt, qui, dans un cas semblable, avait agi de même en Angleterre. Dans son projet de budget, il divisait les dépenses publiques en permanentes et spéciales, affectant de considérer que les premières devenaient obligatoires et n'avaient pas besoin de la sanction du parlement. La chambre repoussa ces estimations, vota une liste civile de 43,000 livres sterling embrassant tous les salaires sans distinction et retrancha aux fonctionnaires le quart de leurs appointements, ce qui fit rejeter le bill par le conseil. La rupture semblait complète et lord Dalhousie prorogea les chambres le 9 mars 1824, mais comme toujours les élections générales ne firent qu'augmenter les forces du parti populaire. Pendant un voyage d'un an qu'il fît en Angleterre, le lieutenant-gouverneur Burton s'appliqua et réussit à éviter les conflits ; mais l'absence de Dalhousie n'était, en quelque sorte, que la veillée des armes pour de nouveaux combats, et les politiques avisés comprenaient qu'il fallait se garder de noyer ses poudres et rester en ordre de bataille. Bientôt, en effet, on apprit que lord Bathurst persistait à nier à la chambre la faculté de disposer de tout le revenu ; en même temps, par une inconséquence révoltante, les lords de la trésorerie faisaient savoir au parlement canadien qu'ils ne se croyaient point tenus de dédommager la province des pertes que l'insolvabilité de Caldwell avait occasionnées : on ne lui reconnaissait que la faculté de payer sans lui permettre de contrôler l'emploi de son argent, tandis que le conseil exécutif jouissait d'une véritable omnipotence financière et n'encourait aucune responsabilité.

Forts de leur bon droit, les représentants votèrent les subsides en 1826 et 1827 dans la même forme qu'en 1825. Le gouverneur prorogea les chambres, et son discours, qui contenait une véritable mercuriale pour les députés, fut suivi d'une dissolution. Ils lui répondirent par une adresse à leurs électeurs, sorte d'appel au peuple, qui obtint un grand retentissement : les habitants des campagnes commencèrent à s'assembler, la polémique des journaux prit un caractère violent. Lord Dalhousie déploya une activité dévorante, remit en vigueur les anciennes ordonnances sur la milice, destitua beaucoup d'officiers, fit arrêter et poursuivre M. Waller, rédacteur du *Canadian Spectator*. Maintes fois déjà, les Canadiens avaient repoussé à coups de poing et à coups de pied des gens armés de pierres et de gourdins, qui, dans les polls, cherchaient à effrayer les électeurs ; système emprunté aux élections américaines où le bâton, le couteau, le revolver jouent un rôle si important. De même, en 1827, il y eut des rixes à Montréal, à Sorel, à Saint-Eustache : « Les élections sont finies, écrivit le rédacteur du *Canadian Spectator* ; les amis du roi, de la constitution et du pays ont emporté une victoire complète ; les employés de lord Dalhousie et l'administration elle-même ont été partout et hautement désapprouvés. »

Les chambres se réunirent le 20 novembre, et, par 39 voix contre 5, l'assemblée choisit pour président M. Papineau. Le lendemain elle retourna dans la salle du conseil législatif, où elle trouva le gouverneur assis sur son trône, entouré d'un nombreux état-major. M. Papineau l'ayant informé officiellement de son élection, le président du conseil répondit que son excellence désapprouvait ce choix et enjoignait à la chambre d'en faire un autre. Aussitôt rentrée dans sa salle de séances, celle-ci vota, sur la proposition de M. Cuvillier, que l'élection du président devait se faire librement ; et indépendamment du pouvoir, que la loi n'exigeait pas l'approbation du gouverneur, qui, comme la présentation, n'était qu'une cérémonie fondée sur un simple usage. Le gouverneur reconnut encore à la dissolution, qui fut suivie d'une agitation sans précédent : nouvelles arrestations de journalistes, destitutions en masse, adresses de félicitations des marchands anglais à lord Dalhousie, pétition monstre revêtue de plus de quatre-vingt mille signatures contre lui. Par une heureuse coïncidence, une crise semblable venait d'éclater dans le Haut-Canada, où le parti libéral cherchait aussi à secouer le joug de L'oligarchie, et l'intervention d'une province tout anglaise donna plus de poids aux remontrances que MM. Neilson, Viger et Cuvillier allaient porter à Londres. Une discussion solennelle eut lieu à la chambre des communes. Déjà M. Hume avait fait entendre ces paroles mémorables : « Il s'agit de savoir comment ces colonies sont gouvernées. Le gouvernement ne met-il pas tout en œuvre pour les irriter et les porter dans leur désespoir à tout entreprendre ? Pourquoi avons-nous, à l'heure qu'il est, six mille soldats au Canada, si ce n'est pour tenir le peuple de force sous la puissance d'un gouverneur qu'il hait et méprise ? » M. Huskisson, ministre des colonies, dissimula la question des finances et fit bon marché des griefs des colons, en même temps qu'il couvrait les gouverneurs et cherchait à exciter l'orgueil britannique : « Il est de notre devoir, dit-il, et de notre intérêt, de répandre des sentiments anglais au Canada et de lui donner le bienfait des lois et des institutions anglaises. » Il terminait en proposant la nomination d'un comité chargé d'une enquête générale. « L'acte de 1791, répondit M. Labouchère, est la grande charte des libertés canadiennes ; ai l'intention de Pitt et des législateurs de son temps avait été mieux suivie, le Bas-Canada serait parvenu à la prospérité qu'on lui destinait et jouirait d'une situation tranquille. Sir James Mackintosh formula avec précision les maximes d'une bonne politique coloniale : protection pleine et efficace contre l'influence étrangère, liberté complète aux colons de conduire leurs propres affaires et de régler leur industrie, sauf l'obligation de fournir une somme, raisonnable au gouvernement impérial en paiement des dépenses faites pour eux. Il rappela ensuite qu'en 1827 l'assemblée avait adopté vingt et un projets de loi, tous rejetés par la chambre haute ; des vingt-sept membres qui composaient celle-ci, dix-sept remplissaient des charges lucratives dépendant du bon plaisir du gouverneur, et prélevaient par an 15,000 livres sterling sur le budget ; avec ce corps, l'équilibre constitutionnel devenait impossible.. « Comment admettre, ajoutait-il, que les quatre-vingt mille Anglais du Bas-Canada puissent prévaloir sur plus de quatre cent mille Canadiens-Français qui ont entre les mains presque toutes les terres, presque toutes les propriétés du pays ? .. Donnerons-nous à ces colonies six cents ans de calamités, comme à l'Irlande, parce qu'il s'y trouve une population anglaise ayant notre sympathie ? Que notre politique soit d'accorder à toutes les classes, à tous les hommes, *Tros Tyriusve*, des lois équitables et une égale justice ! .. » La chambre des communes se borna à nommer un comité qui fît un rapport platonique auquel elle ne donna aucune sanction ; elle accueillit les promesses assez vagues du ministère ; celui-ci rappela lord Dalhousie pour lui confier un poste plus important, et les choses demeurèrent en l'état.

IV

Grâce au tact, a l'habileté de sir James Kempt, successeur de lord Dalhousie, la colonie put jouir d'une accalmie politique : il y épuisa toute sa diplomatie et demanda son rappel en 1830, au moment où il vit que les hostilités allaient renaître. La majorité française n'était plus animée du même esprit qu'autrefois : lassée dans sa patience par quarante années de malveillance si manifeste, irritée de tant d'injustices, puisant dans sa durée même le sentiment de sa force, elle veut ne plus se payer de mots et d'apparences, abandonner ses droits fondamentaux pour des faveurs ; elle prétend s'inspirer de cette maxime que le parlement anglais peut tout faire, excepté qu'un homme devienne une femme et une femme un homme. Son chef, le favori du peuple, M. Papineau, a besoin d'être contenu plutôt qu'excité, et malheureusement une nouvelle génération déjeunes gens, élus en 1831, lui apportent leurs idées exagérées, préconisent la politique du tout ou rien, s'opposent à tout compromis. Dès 1828, l'assemblée affirme sa résolution inébranlable de ne rien céder au sujet des finances, de soumettre tous les revenus à son suffrage annuel, comme en Angleterre, où cette pratique est en quelque sorte le pont aux ânes du droit constitutionnel. En 1829, elle stipule que l'octroi du budget n'est que provisoire, réclame la réforme du conseil législatif, la responsabilité des fonctionnaires. A propos d'une adresse au roi contre le rétablissement des anciennes ordonnances sur la milice, M. Papineau s'écrie imprudemment : « Si la chambre a exprimé l'opinion publique, les ordonnances sont abrogées ; quand les citoyens d'un pays repoussent unanimement une mauvaise loi, il n'y a plus moyen de l'exécuter, elle est abolie. » La révolution française de 1830, les élections générales de 1831 augmentent l'ardeur du parti populaire, fortifié, par un bill récent qui a porté à quatre-vingt-quatre le nombre des représentants ; des complications nouvelles surgissent : enquêtes contre de hauts fonctionnaires concussionnaires, expulsion réitérée de M. Christie député de Gaspé, emprisonnement de MM. Tracey et Duverney, décrétés par le conseil législatif, qu'ils avaient vivement pris à partie dans *la Minerve* et le *Vindicator* ; élection tumultueuse d'un député à Montréal qui coûta la vie à plusieurs Canadiens-Français, et dont l'odieux rejaillit sur le conseil exécutif, « qui, dit-on, savait si bien choisir ses victimes ; » ravages terribles du choléra asiatique, dont on rendit l'Angleterre responsable, parce qu'elle avait envoyé cinquante-deux mille émigrants qui portaient avec eux le germe du fléau. Les assemblées populaires se multiplient, les jeunes gens arborent la cocarde tricolore, et, après l'arrestation de MM. Tracey et Duverney, une procession parcourt les rues de Québec en chantant *la Marseillaise* et *la Parisienne*. Les sincères efforts de lord Goderich, ministre des colonies, ont le sort de ces concessions trop longtemps réclamées qui paraissent insuffisantes et dérisoires : c'est en vain qu'il ajoute au conseil législatif onze nouveaux membres, dont huit Canadiens-Français ; en vain qu'il fait passer une loi permettant à la législature de disposer de tout le revenu provincial, moyennant une liste civile de 19,000 livres. Emportée par le démon de l'absolu, la majorité de la chambre continue à réclamer un conseil législatif électif, tandis que celui-ci vote une adresse où, après avoir dépeint le pays comme marchant à une anarchie rapide, il cherche à justifier le gouverneur, l'oligarchie et lui-même, proclame son existence, dans sa forme présente, essentielle au maintien de la prérogative royale, de l'alliance du Canada avec l'Angleterre, ajoutant que les effets immédiats d'un changement si funeste seraient d'amener un conflit avec le Haut-Canada, et « d'inonder le pays de sang ; » car le Haut-Canada ne laisserait pas s'établir « une république française » entre lui et l'océan.

Tous les Canadiens ne partageaient pas l'entraînement de M. Papineau : déjà MM. Neilson, Quesnel, Cuvillier, avaient cru devoir se séparer de lui, parce que les concessions de lord Goderich leur semblaient propres à faciliter un concordat politique et à préparer de nouvelles réformes.

Malheureusement cet homme d'état fut remplacé par M. Stanley, partisan avéré de l'anglification, et tout espoir de transaction disparut avec lui. A l'ouverture de la session de 1834, session fameuse dans les fastes parlementaires du Bas-Canada, lord Aylmer communiqua à l'assemblée deux messages du ministre des colonies ; dans l'un, M. Stanley repoussait avec hauteur l'adresse des représentants au sujet du conseil législatif, adresse dans laquelle sa majesté « avait bien voulu ne voir qu'une extrême légèreté ; » il continuait en disant que, si le parlement se voyait forcé par les événements d'user de sa puissance suprême pour apaiser les dissensions intestines de la colonie, son devoir, à lui ministre, serait de proposer des changements, non point pour introduire des formes d'institutions incompatibles avec le gouvernement monarchique, mais pour maintenir et cimenter l'union avec la mère patrie… »

C'était une déclaration de guerre, et l'assemblée résolut d'y répondre sans retard. Elle commença par refuser de nommer un comité de bonne correspondance avec le conseil législatif, puis elle entama la discussion des *quatre-vingt douze résolutions.* M. Papineau, avec M. Morin, avait rédigé ce réquisitoire, où il glissait trop souvent dans l'ornière de la révolution ; M. Elzéar Bedard le proposa à la chambre. Les quatre-vingt douze, comme on les appelait, remuèrent profondément la colonie ; on tenait pour ou contre, elles devinrent une sorte d'évangile populaire, beaucoup répétaient cette formule sans mieux comprendre sa portée que ces gens qui en France, en Russie, avaient crié : « Vive la charte ! vive la constitution ! » qu'ils prenaient pour des femmes. Dans un pêle-mêle chaotique s'y confondaient de justes revendications à propos des finances, des diatribes virulentes contre le conseil législatif, une apologie des idées démocratiques, de la république des États-Unis, une distinction aussi erronée que malencontreuse entre les deux tendances politiques qui « se montrent sous différents noms dans les différons pays ; sous les noms de serviles, royalistes, tories, conservateurs et autres, d'une part ; sous ceux de libéraux, constitutionnels, républicains, whigs, réformateurs d'autre part... Puisque l'origine nationale et la langue des Canadiens sont devenues des occasions d'injures, d'exclusion, d'infériorité politique, de séparation de droits et d'intérêts, la chambre en appelle à la justice du gouvernement de Sa Majesté et de son parlement, à l'honneur du peuple anglais. Les Canadiens ne veulent répudier aucun des avantages qu'ils tiennent de leur origine, car la nation française, sous le rapport des progrès qu'elle a fait faire à la civilisation, aux sciences, aux lettres et aux arts, n'a jamais été en arrière de la nation anglaise ; et elle est aujourd'hui, dans la science du gouvernement et dans la voie de la liberté, sa digne émule. »

La discussion des quatre-vingt-douze se prolongea plusieurs jours. M. Papineau commit la faute d'accentuer encore leur signification en critiquant la constitution de 1791 et la forme même du gouvernement anglais. M. Neilson combattit les quatre-vingt-douze comme attentatoires à l'existence du conseil législatif, injurieuses envers la métropole et concluant à un refus formel des subsides. Il montra qu'en Angleterre et, aux États-Unis, le peuple avait opéré des changements, non par, goût des reformes, mais parce que l'autorité royale prétendait violer la constitution ; il combattait pour conserver les droits acquis, tandis que M. Papineau et ses partisans ne voulaient plus ceux qu'ils possédaient. « Le résultat serait différent ; l'histoire est un sûr moniteur ; elle nous enseigne que les conséquences sont conformes aux principes. » L'amendement de M. Neilson ne réunit que 24 suffrages contre 56. L'assemblée invita les

Canadiens à former partout des comités pour correspondre avec MM. Hume et O'Connell, chargea M. Morin de porter à M. Viger les pétitions destinées aux chambres anglaises. Peu après, comme elle ne se trouvait plus en nombre pour délibérer, le gouverneur prorogea la session en observant que, puisqu'on en avait appelé au parlement, chaque parti devrait se soumettre à son autorité suprême.

Dès lors, les événements se multiplient, se précipitent vers le dénoûment. A Londres, MM. Roebuck, Hume, O'Connell, prennent la défense des Canadiens et leur conseillent de ne pas reculer d'un pas, de réveiller le peuple. M. Hume ayant publié une lettre violente dans les journaux anglais, M. Spring Rice le blâma en ces termes d'entretenir ainsi de fausses espérances : « Il ne convient point à un homme qui parle sans danger dans l'enceinte des communes de donner des conseils qui peuvent causer tant de mal à l'Angleterre et au Canada. Si l'on a recours aux armes, j'espère que les lois puniront ceux qui auront pris part à la conspiration. » Un ministère tory ayant succédé au ministère whig, sir Robert Peel et lord Aberdeen annoncent qu'ils vont envoyer un nouveau gouverneur revêtu du titre de commissaire royal. Ils tombent du pouvoir en 1835 ; mais lord Melbourne et lord Russell reprennent ce projet et nomment lord Gosford en lui adjoignant deux sous-commissaires. Ceux-ci trouvent le Canada en pleine effervescence : comités permanents, démonstrations populaires, pétitions contre pétitions, banquets, discours de M. Papineau et de ses amis, discours de l'*Association constitutionnelle*, guidée par MM. Walker et Neilson ; bref l'appareil classique et le prélude obligé des crises révolutionnaires. Les élections générales ont eu lieu en 1834 au milieu de troubles graves, et les adversaires des quatre-vingt-douze sont restés sur le carreau ; mais la session a été l'occasion d'un second schisme politique, M. Bedard, chef des nouveaux dissidents ou de la *petite famille*, comme on disait alors, estimant qu'on donnait prise à la faction oligarchique en suspendant entièrement le cours des affaires. Ils furent sévèrement traités par le dictateur de la majorité, M. Papineau ; dans ses harangues aux électeurs, celui-ci recommandait de ne point se servir de produits anglais et flétrissait ceux qui avaient dépouillé le *capot gris* des Canadiens pour endosser la livrée dorée du château : « L'or est le dieu qu'adorent nos ennemis ; tuons leur dieu, et nous les convertirons à un meilleur culte… » J'ai de suite renoncé à l'usage du sucre raffiné, mais taxé, et j'achète pour l'usage de ma famille du sucre d'érable. Je me suis procuré du thé venu en contrebande, et je sais plusieurs personnes qui en font autant. J'ai écrit à la campagne pour me procurer des toiles et des lainages fabriqués dans le pays ; ., j'ai cessé de meure du vin sur ma table. »

Lord Gosford fit de sincères efforts pour se concilier la sympathie des Canadiens par une politique de prévenances et de bons procèdes : il invita MM. Papineau et Viger, visita les classes du séminaire de Québec, donna un grand bal le jour de Sainte-Catherine et témoigna aux dames canadiennes des attentions qui contrastaient fort avec la morgue de la caste officielle. Le mécontentement des bureaucrates ne connut plus de bornes lorsqu'ils le virent répondre d'abord en français, puis en anglais, à l'adresse de l'assemblée et mettre beaucoup de bonne grâce à lui accorder l'argent qu'elle réclamait pour ses propres dépenses : ils formèrent, à Montréal, un corps de carabiniers de huit cents hommes au cri de : « Dieu sauve le roi ! » et le gouverneur dut recourir à une proclamation pour le dissoudre. Malheureusement les instructions du ministère heurtaient de front toutes les prétentions de la chambre, leur communication produisit un mécompte général, et la presse constitutionnelle fit chorus avec les journaux intransigeants. Le conseil législatif persistait à rejeter la plupart des projets votés par les représentants du peuple, du sorte que ceux-ci purent croire que lord Gosford jouait un double jeu. Il avait sollicité d'un ton presque suppliant le vote des subsides pour l'arriéré et l'année courante : le groupe des vieux torics, ceux qu'on appelait l'opposition loyale de sa majesté, le parti de M. Bedard, s'unirent vainement en ce sens ;

l'amendement de M. Vaufelson n'obtint que 47 voix contre 27, et la majorité vota seulement six mois de subsides qui furent refusés par le conseil. « Le même génie malfaisant, s'écria M. Papineau, qui jetait, malgré elles, les anciennes colonies dans les voies d'une juste et glorieuse résistance, préside à nos destinées ! .. Ne nous endormons pas sur le bord d'un précipice, ne nous abandonnons pas à un rêve trompeur ; au lieu de toucher des réalités enchantées, nous roulerions dans le gouffre. » Paroles téméraires qui portaient en elles le germe de l'insurrection et qui rappellent le verset légendaire de l'hymne indien, qui consumait tout homme assez audacieux pour le chanter !

La situation des Canadiens devenait de plus en plus critique ; ils avaient cru pouvoir compter sur l'appui des libéraux du Haut-Canada, dont le chef, M. Mackensie, paraissait naguère aussi puissant que Papineau ; mais le gouverneur de cette province, sir Francis Bond Head, avait dissous la dernière chambre et fait élire une majorité de tories dans la nouvelle. Deux autres colonies, le Nouveau-Brunswick et la Nouvelle-Ecosse ! venaient de s'accorder avec l'Angleterre, qui, vivant en bonne intelligence avec les États-Unis, pouvait tourner toutes ses forces contre la seule chambre qui fût restée inébranlable. Au commencement de 1837, lord Russell proposa à la chambre des communes de disposer des deniers du Bas-Canada sans le vote de la législature ; il ne manqua pas de tirer parti de la défection des autres provinces, fit de la question canadienne une question de races et se posa comme protecteur de cette minorité anglaise qui, selon la parole d'O'Connell, « avait été le fléau de l'Irlande. » Une majorité énorme approuva les résolutions du cabinet. Cependant, lord Russell ayant annoncé qu'il en suspendrait encore l'exécution, les chambres canadiennes furent convoquées le 18 août, et lord Gosford pria de nouveau les députés de ne pas s'opiniâtrer davantage, mais de faire eux-mêmes l'assignation du revenu. La majorité répondit par une adresse contre les résolutions du parlement impérial, et aussitôt le gouverneur prorogea la chambre en lui déclarant que sa décision était « l'anéantissement virtuel de la constitution. »

Les *patriotes* se laissaient fasciner par le mirage de l'émancipation et ne voyaient pas qu'ils ne pénétraient nullement dans les masses profondes du peuple, dont ils éveillaient plutôt la curiosité que la colère. Cependant leurs journaux excitaient aux mesures extrêmes, le gouverneur fut pendu en effigie à Québec ; on forma des sociétés secrètes, l'association des *Fils de la Liberté* publia un manifeste menaçant. Dans une grande assemblée des six comtés de Saint-Charles, on vit figurer une douzaine de députés, des miliciens armés sous les ordres de quelques officiers destitués ; sur des drapeaux, des inscriptions comme celles-ci : « Vive

Papineau et le système électif ! — Nos amis du Haut-Canada ! — Indépendance ! » Le conseil législatif était représenté par une tête de mort sur des os en croix. On vota des résolutions énergiques, on improvisa une espèce de déclaration des droits de l'homme. M. Papineau commençait à s'apercevoir qu'il n'est pas aisé de gouverner la poudré quand on y a mis le feu et qu'on est toujours le réactionnaire de quelqu'un ; il parla en faveur de la résistance légale, a Eh bien I moi, je suis d'opinion différente, répliqua M. Wolfred Nelson ; je crois que le temps est arrivé de fondre nos cuillers pour en faire des balles ! » De son côté, le gouvernement ne restait pas inactif : il obtint de W Lartigue qu'il lançât un mandement pour prêcher aux Canadiens l'obéissance au pouvoir établi ; le général Colborne, investi du commandement militaire, arma une partie de la population anglaise de Montréal et de Québec, appela des troupes du Nouveau-Brunswick. Le 6 novembre eut lieu la bagarre entre les *Fils de la Liberté* et le *Doric Club*, qui servit de prétexte aux mandats d'arrestation contre les chefs canadiens, accusés de haute trahison. Ces mandats sont la principale cause de la rébellion, car les inculpés refusèrent de se laisser arrêter comme des malfaiteurs, pour avoir exercé leurs droits de citoyens, et l'on n'avait fait aucun préparatif sérieux, on n'avait amassé ni armes, ni munitions, ni argent. A Saint-Denis, à Longueil, les patriotes remportèrent de brillants succès, on convertit les faux en sabres, en épées, on fit même des canons de bois. Mais que pouvaient, malgré leur héroïsme, quelques bandes indisciplinées, combattant des troupes régulières, des volontaires bien équipés et dix fois plus nombreux ? En moins d'un mois, elles furent décimées, dispersées, vaincues à Saint-Charles, à Moore's-Corner, à Saint-Eustache. C'est dans ce dernier combat que Chénier prononça un mot digne de Cathelineau. Comme beaucoup n'avaient pas d'armes et s'en plaignaient, il leur répondit froidement : « Soyez tranquilles, il y en aura de tués parmi nous, vous prendrez leurs fusils ! » Les Anglais abusèrent de leur victoire en détruisant cruellement les bourgades de Saint-Benoit, de Saint-Eustache, de Saint-Denis, en chassant de leurs demeures des femmes, des enfants contraints d'errer dans les champs et les bois. Dès la fin de 1837, les chefs des insurgés étaient en fuite ou en prison, les journaux saisis ou muets, la loi martiale proclamée ; le peuple envoyait des adresses rassurantes au pouvoir, car la rébellion n'avait embrasé qu'une minime portion du pays. Les libéraux du Haut-Canada, qui venaient d'arborer l'étendard de la révolte, avaient subi le même sort.

A la chambre des communes, MM. Warburton, Hume, Leader et Stanley ; à la chambre des lords, le duc de Wellington et lord Brougham blâmèrent la conduite des ministres et leur attribuèrent la responsabilité de ces événements. Ceux-ci présentaient un bill pour suspendre la constitution du Bas-Canada, donner de pleins pouvoirs au gouverneur et à un conseil spécial, mais en même temps ils évitèrent avec soin de parler de l'union et, dans sa réponse à sir Robert Peel, lord Howick, ministre de la guerre, affectait d'insister sur la nécessité de rendre justice aux Canadiens. Lord Brougham soutint hardiment cette thèse que celui-là seul est l'auteur du conflit qui le rend inévitable par ses provocations : « On blâme avec véhémence les Canadiens ; mais quel est le pays, le peuple qui leur a donné l'exemple de l'insurrection ?... Toute la dispute vient de ce que nous avons pris 20,000 livres sans le consentement de leurs représentai ! Eh bien ! ce fut pour 20 schillings qu'Hampden résista et acquit par sa résistance un renom immortel, pour lequel les Plantagenets et les Guelfes auraient donné tout le sang qui coulait dans leurs veines ! Si c'est un crime de résister, à l'oppression, de s'élever contre un pouvoir usurpé et de détendre ses libertés attaquées, quels sont les plus grands criminels ? N'est-ce pas nous-mêmes qui avons donné l'exemple à nos frères américains ?... D'ailleurs, vous punissez toute une province, parce qu'elle renferme quelques paroisses mécontentes ! Vous châtiez jusqu'à ceux qui vous ont aidés à étouffer l'insurrection. » La loi obtint une grande majorité, et lord Durham passa au Canada, avec le titre de gouverneur et commissaire royal. Il commença par renvoyer le conseil spécial institué par Colborne, en nomma un autre composé de fonctionnaires et de militaires presque tous étrangers, choisit de nouveaux conseillers exécutifs et appela auprès de lui les gouverneurs des autres provinces pour discuter ses projets d'union fédérale. Il y avait eu des exécutions politiques dans le Haut-Canada, tandis qu'on n'avait pas osé faire de procès dans le Bas-Canada, parce qu'il aurait fallu trier sur le volet les jurés pour obtenir des condamnations. Afin de trancher d'un seul coup cette question, le commissaire royal prit sur lui de décréter, le jour même du couronnement de la reine Victoria, une amnistie générale dont il n'excepta que vingt-quatre personnes qui devaient être déportées aux Bermudes. L'humanité, la bonne politique, commandaient cette ordonnance, qui fut approuvée dans la colonie, mais elle exilait sans procès des citoyens, et, en Angleterre, on l'attaqua avec une telle violence que le ministère se trouva forcé de la désavouer solennellement. Blessé dans son orgueil, lord Durham donna sa démission avec éclat et repartit pour l'Angleterre, où il remit à lord Melbourne un long rapport très étudié dans lequel il conseillait ou bien une union fédérale de toutes les provinces, ou bien une union législative des deux Canadas, admettant volontiers que les législatures coloniales jouissent de la plénitude du gouvernement constitutionnel à condition qu'elles fussent britanniques en fait et en droit. Il appartenait à cette puissante école politique qui veut la liberté pour tout le monde, sauf un ou deux groupes, un ou deux partis.

Sur ces entrefaites éclata ce qu'on est convenu d'appeler la seconde insurrection du Bas-Canada, insurrection qui revêtit plutôt le caractère d'une tentative d'invasion, car elle partit des patriotes réfugiés aux États-Unis et des *sympathiseurs*, c'est-à-dire des citoyens américains qui les secondaient. Ils avaient fondé l'*Association des chasseurs*, qui comprenait quatre degrés : l'Aigle, le Castor, la Raquette, le Chasseur ou simple soldat. Chaque degré avait ses rites, ses signes de reconnaissance ; ainsi, pour savoir si quelqu'un faisait partie de la société, on lui disait : « Chasseur, c'est aujourd'hui mardi. » Il devait répondre : « Mercredi. » Tout initié prêtait serment d'obéir aux règles de l'association, d'aider les frères chasseurs, de ne jamais divulguer les secrète sous peine « de voir ses propriétés détruites et d'avoir lui-même le cou coupé jusqu'à l'os. » Robert Nelson publia une déclaration d'indépendance et fit appel aux patriotes restés dans leurs foyers, mais il n'avait pas de quoi leur fournir des armes ; tout se borna à quelques engagements de détail sur la frontière et le mouvement fut étouffé dans son berceau. Sir John Colborne proclama la loi martiale, arma les volontaires, et, à la tête de huit mille hommes, marcha vers le pays insurgé. Déjà tout était rentré dans l'ordre, ce qui ne l'empêcha pas de promener partout l'incendie, sans plus d'égards pour l'innocent que pour le coupable. « Pour avoir la tranquillité, disait le *Herald* de Montréal, il faut que nous fassions la solitude. Balayons les Canadiens de la surface de la terre ! » Les prisons s'emplirent de suspects. Ce n'était pas assez pour l'oligarchie, qui voulait que cette fois le sang coulât sur l'échafaud. Trois juges canadiens, MM. Panet, Bedard et Vallères, eurent le courage de contester la légalité de l'ordonnance concernant l'*habeas corpus* : ils furent suspendus, de leurs fonctions, les prisonniers traduits devant les officiers de l'armée qui en condamnèrent quatre-vingt-dix-neuf à mort. Le *Herald* rayonnait. Le 19 novembre 1838, il publia ces lignes qui respirent un véritable cannibalisme politique : « Nous avons vu la nouvelle potence et nous croyons qu'elle sera dressée aujourd'hui en face de la prison ; de sorte que les rebelles sous les verrous jouiront d'une perspective qui, sans doute, aura l'effet de leur procurer un sommeil profond avec d'agréables songes. Six ou sept à la fois seraient là tout à l'aise, et un plus grand nombre peut y trouver place dans un cas pressé. » Douze des condamnés périrent sur l'échafaud, cinquante-huit furent déportés en Australie, le reste obtint sa mise en liberté sous caution. Le ministère tenait son prétexte, et, comme l'échauffourée de 1838 avait amoindri l'intérêt que l'opposition pouvait témoigner encore aux

Canadiens, il n'hésita plus et proposa le bill d'union qui consacrait à peu près les conclusions du rapport de lord Durham. Envoyé à Québec comme gouverneur, M. Poulet Thomson obtint aisément l'approbation du conseil spécial ; dans le Haut-Canada, les chambres discutèrent quelque temps, mais le gouvernement finit par l'emporter. Quant à la chambre des communes, elle adopta et presque sans débat le bill d'union. Il en fut autrement à la chambre des lords, où le duc de Wellington, lord Ellenborough, lord Brougham et lord Gosford le combattirent hautement. Lord Ellenborough démontra qu'on ne pouvait imposer aux Canadiens un faux semblant de gouvernement représentatif et que le monde entier regarderait comme une fraude électorale la décision qui attribuait aux deux provinces la même représentation, bien que l'une fût deux fois plus nombreuse que l'autre. Lord Gosford, dans un remarquable discours, rendit justice aux Canadiens, et peignit les Anglais de Montréal sous leur jour véritable, c'est-à-dire plus royalistes que le roi et guidés dans leur conduite par un esprit de domination insupportable ; il s'étonna aussi qu'on imposât la dette du Haut-Canada, qui excédait 1 million de livres sterling, à une province qui n'en avait presque point. Mais le gouvernement avait pour lui les préjugés nationaux, plus forts que la justice et la raison ; de plus, le Haut-Canada devait 1 million de piastres à la maison Baring, qui exerça sur le parlement une pression considérable ; un de ses membres allait devenir chancelier de l'Échiquier dans le ministère Melbourne. Sanctionné par la reine le 23 juillet 1840, l'acte d'union fut proclamé au Canada le 5 février 1841.

La faction coloniale poussa des cris de triomphe, tandis que les Canadiens s'abandonnèrent au désespoir et virent dans la nouvelle constitution le présage de leur effacement complet, de leur servitude politique. *Hewers of wood and drawers of water* (fendeurs de bois et porteurs d'eau), telle était la perspective qu'on leur indiquait alors comme une destinée inévitable. La fusion graduelle des deux races en une seule ne semblait plus qu'une question de temps, et, comme l'observent MM. Garneau et Chauveau, l'Angleterre avait pour elle l'expérience des siècles. La légalité est un mot robuste qui supporte bien des fortunes, et il y a des occasions où l'arbitraire masqué d'un parlement ne vaut pas mieux que l'arbitraire déclaré d'un seul homme. N'avait-elle pas, cette Angleterre, absorbé la nationalité de ses anciens conquérants, les Normands-Français, ensuite celle des Écossais, puis celle des Irlandais ? Par l'intrigue, la corruption, la violence, n'avait-elle pas, en 1706 et en 1800, obtenu des parlements d'Écosse et d'Irlande leur propre suicide, l'abolition de leur constitution particulière, de leurs privilèges ? Mais les peuples, comme les individus, se leurrent d'espérances, et souvent leur logique se trouve en contradiction avec la logique de la Providence. On verra bientôt comment la certitude de conserver une majorité anglaise dans les chambres décida la métropole à concéder bien plus qu'on ne réclamait depuis cinquante ans, comment, croyant favoriser ses nationaux, elle donna aux Canadiens-Français l'occasion de faire reconnaître leurs droits, et finit par comprendre que ceux-ci deviendraient sa meilleure défense contre les États-Unis et contre l'établissement d'une nouvelle république dans l'Amérique du Nord. Dieu, dit un proverbe portugais, écrit droit avec des lignes tortues : en 1840, vainqueurs et vaincus confondaient la fin d'un acte avec le dénoûment d'une pièce.

Partie II

V

Non-seulement l'acte d'union imposait au Bas-Canada une partie de la dette du Haut-Canada et accordait à celui-ci une représentation égale, malgré l'énorme différence de population ; non-seulement il établissait des sectionnements arbitraires dans les comtés, mais il proscrivait l'usage de la langue française dans les actes publics, dans les chambres, et conférait au gouverneur des prérogatives exorbitantes : l'initiative exclusive dans les votes d'argent, une liste civile de 75,000 piastres pour le payer, lui, les juges et les fonctionnaires, un conseil législatif composé de membres nommés à vie et à sa dévotion. Dans la chambre, la haine des anciens habitants lui concilierait les suffrages des Anglais, et la candidature officielle briserait la résistance des *Canucks*, réduits à un nombre infime. Ainsi cet acte, dicté par le machiavélisme parlementaire, semblait combiné de manière à assurer le triomphe de la politique d'absorption : un fantôme de gouvernement libre, une ombre de régime représentatif, l'hypocrisie légale préparant la victoire d'une coterie contre un peuple ; aucune enfin de ces garanties tutélaires du droit constitutionnel : ministère responsable, indépendance de la justice, du parlement, prépondérance financière des représentants du pays. Beaucoup d'anciens patriotes ont disparu, d'autres renoncent à la vie publique, et il ne manque pas d'individus, à l'âme vacillante et vénale, qui conseillent la résignation, prêchent, selon la forte expression de M. Chauveau, l'apostasie nationale en attendant l'apostasie religieuse, et concluent à la déchéance graduelle de la langue française dans les collèges. Cependant, deux ans à peine s'écoulent, et voilà qu'un ancien patriote, M. La Fontaine, devient ministre, les droits de ses concitoyens sont reconnus : la langue française rentre triomphante dans ce parlement dont on l'a exilée.

Comment ce prodige politique s'est-il accompli ? Comment les calculs des uns, les craintes des autres ne se sont-ils point réalisés ? Pourquoi les choses ont-elles suivi leur cours naturel, comme si l'on ne dût tenir aucun compte des insurrections de 1837-1838 ? C'est que les Canadiens n'ont pas entendu perdre en un jour le fruit de quarante années de luttes légales et de patiente stratégie, c'est qu'après le premier moment de panique, ils ont reformé leurs rangs, compris que les peuples creusent eux-mêmes leur sillon dans le champ de l'histoire et qu'il dépend d'eux de vivre ou de mourir, c'est qu'ils ont été ramenés au combat par des chefs intrépides, adversaires décidés du pessimisme politique, habiles à manier les armes que leur fournissait l'ennemi, résolus à ne plus livrer au hasard ce qui peut être assuré par la prudence. Unis au clergé, secondés par une foule d'écrivains enthousiastes, MM. La Fontaine, Viger, Taché, Morin, Parent, résistent aux premiers assauts de la camarilla et lient partie avec les libéraux réformistes du Haut-Canada : les Anglais veulent que la charte devienne une vérité, les Canadiens français visent plus haut et plus loin. C'est au milieu de la plus grande agitation qu'ont lieu les élections de 1841 : le gouverneur, lord Sydenham, intervient personnellement dans la lutte, prive de son droit de suffrage une partie de la population de Québec, de Montréal, change les bureaux de vote, contraint des candidats à reculer devant la force armée. Le sang coule, des meurtres sont commis et, malgré tout, dans le Bas-Canada, vingt-trois libéraux ou anti-unionistes triomphent, les unionistes n'emportent que dix-neuf sièges. Dans le Haut-Canada, où les élections se sont accomplies sur le principe de la réforme, vingt-six partisans de celle-ci entrent à la chambre, tandis que les tories n'ont réussi que dans seize comtés. La majorité demeure acquise en faveur de l'acte d'union, mais une autre majorité va se prononcer pour le gouvernement responsable.

En effet, la question se trouva posée dès la discussion de l'adresse. Le premier ministre, M.

Draper, essaie de l'éluder, donne à entendre qu'il relève du gouverneur et non du peuple, mais les réformistes insistent, réclament une réponse catégorique. Le cabinet démissionnera-t-il ou aura-t-il recours à la dissolution de la chambre s'il ne possède pas sa confiance ? Poussés dans leurs derniers retranchements, menacés de perdre l'appui des réformistes, les ministres cèdent et, pour mieux affirmer ce grand succès, MM. Baldwin et Viger font voter plusieurs résolutions qui fixent la nouvelle doctrine, mettent le pouvoir dans la chambre élective en obligeant le gouverneur à choisir ses conseillers parmi les hommes investis de la confiance des électeurs. Les auteurs ou partisans de l'union se trouvaient pris à leur propre piège : ils avaient semé des cailloux, de l'ivraie, ils voyaient surgir de terre une opulente récolte.

D'autres surprises plus pénibles leur sont réservées : battu en 1841 à Terrebone, mais élu en 1842 par les réformistes du Haut-Canada, qui désirent témoigner leur sympathie aux Canadiens français, M. La Fontaine, à peine entré à la chambre, prononce en français son premier discours ! Invité par un des ministres à s'exprimer en anglais, il s'en excuse avec fierté : « Quand même la connaissance de la langue anglaise me serait aussi familière que celle de la langue française, je n'en ferais pas moins mon premier discours dans la langue de mes compatriotes, ne fût-ce que pour protester solennellement contre cette cruelle injustice de l'acte d'union, qui tend à proscrire la langue maternelle d'une partie de la population du Canada. Je le dois à mes compatriotes, je le dois à moi-même. » Fixant ensuite les conditions auxquelles les Canadiens subordonnaient leur réconciliation, il ajoute : « Oui, sans notre coopération active, sans notre participation au pouvoir, le gouvernement ne peut fonctionner de manière à rétablir la paix et la confiance, qui sont essentiellement nécessaires au succès de toute administration… L'absence de tout nom français dans le ministère n'est-elle pas une circonstance qui comporte une injustice, même une insulte préméditée ? Mais, dira-t-on, vous ne voulez pas accepter d'emploi ! Ce n'est pas là une raison ; mes amis et moi, il est vrai, nous ne voulons pas en accepter sans des garanties… » Certaines revendications, pour être reconnues légitimes, n'ont pas besoin d'être couchées par écrit dans une constitution : aussi bien qu'on texte formel, le discours de M. La Fontaine restituait à la langue française son droit de cité. Du reste, un nouveau gouverneur, très modéré, venait de succéder à lord Sydenham, l'opposition avait encore gagné du terrain et mis le ministère en minorité : le 15 septembre 1842, MU. La Fontaine et Baldwin prêtaient serment comme premiers ministres, cinq membres de l'ancien cabinet conservèrent leur portefeuille, à la condition d'accepter la politique libérale. Pour la première fois, les Canadiens entraient dans la place, passaient de l'opposition au gouvernement.

Tout n'est pas fini cependant : indigné qu'on préfère les *rebelles* aux loyaux, le parti tory, sous la conduite de sir Allan Mac-Nab, se prépare à la lutte. Un puissant auxiliaire lui survient dans la personne de sir Charles Metcalfe. *L'homme à la volonté de fer*, comme on a surnommé ce gouverneur, subit avec peine le joug constitutionnel, et, dès l'abord, affecte de se soustraire à ce qu'il regarde comme une négation du pouvoir de la couronne ; bientôt il se brouille avec les ministres, nomme à des emplois publics leurs adversaires et prétend n'être pas obligé de les consulter. MM. Baldwin et La Fontaine, ayant refusé d'adhérer à cette théorie, donnèrent leur démission, et, après neuf mois d'interrègne ministériel, Metcalfe forma, le 6 septembre 1844, avec MM. Viger et Draper, un ministère incolore qui ne put se soutenir qu'en s'appropriant plusieurs des réformes projetées par son prédécesseur. C'est pendant cette administration que le rétablissement de la langue française dans les actes législatifs fut officiellement demandé à la métropole, que les exilés politiques rentrèrent dans leur patrie et qu'on régla la question des biens des jésuites : malgré l'opposition des évêques, le parlement décida que le revenu de ceux-ci serait réparti entre les collèges catholiques et protestons. En perspective d'une guerre entre l'Angleterre et les États-Unis, on vota aussi une loi sur la milice. Le temps, cette fois, faisait son œuvre de tassement, d'oubli, d'apaisement, les Canadiens français se montrèrent les plus ardents à organiser la défense du territoire, et, dans un discours patriotique où il rappelait les exploits de 1812, le docteur Taché prononça ces paroles significatives : « Si le gouvernement a cru voir un symptôme de désaffection générale dans l'acte de quelques centaines d'hommes qui ont pris les armes en 1837-1838, poussés au désespoir par des administrations flétries et condamnées par les premiers hommes d'Angleterre, le gouvernement s'est trompé : quatre-vingt-dix à cent mille hommes, composant la milice canadienne, étaient là et n'ont pas bougé ; ils ont continué à souffrir, à attendre, à espérer... Ce que nos pères ont fait, ce que nous avons fait nous-mêmes pour la défense de cette colonie, nos enfants seraient encore prêts à le faire si l'on voulait rendre justice au pays. Notre loyauté, à nous, n'est pas une loyauté de spéculation, de louis, schellings et deniers ; nous ne l'avons pas constamment sur les lèvres, nous n'en faisons pas un trafic. Nous sommes dans nos habitudes, par nos lois, par notre religion, monarchistes et conservateurs... Traitez-nous comme les enfans d'une même mère et non comme des bâtards ; un peu plus de justice égale, non dans les mots, mais dans les actes, et je réponds que, si jamais ce pays cesse un jour d'être britannique, le dernier coup de canon tiré pour le maintien de la puissance anglaise en Amérique le sera par un bras canadien. » Il y a quelque temps, M. Joseph Marmette m'expliquait la pensée intime de ses compatriotes par cette réflexion humoristique qui peut servir de conclusion au discours du docteur Taché : « Nous aimons la France comme une mère ; nous considérions autrefois l'Angleterre comme une marâtre, aujourd'hui nous l'estimons comme une excellente belle-mère. » Heureuses les belles-mères qui rencontrent des gendres assez raisonnables pour ne demander que la justice et risquer leur vie dans l'espoir de les adoucir !

Vers la fin de 1847, le ministère Viger-Draper se disloquait visiblement ; ses chefs disparaissaient les uns après les autres ; diverses tentatives pour lui infuser un sang nouveau restaient infructueuses, et il n'avait obtenu qu'une majorité de deux voix à la chambre. Lord Elgin, un des meilleurs gouverneurs qu'ait eus le Canada, en appela aux électeurs, qui donnèrent une forte majorité au parti libéral dans les deux provinces, et, bientôt après, MM. Baldwin et La Fontaine rentraient triomphalement aux affaires. Leur avènement fut signalé par d'importantes mesures, parmi lesquelles le projet qui consacrait une somme de 100,000 piastres au paiement des dommages causés en 1837-1838 « par la destruction injuste, inutile ou malicieuse des habitations, édifices et propriétés des habitants, et par la saisie, le vol ou l'enlèvement de leurs biens et effets. » Déjà le Haut-Canada avait reçu une indemnité en 1845, et il semblait tout naturel de l'accorder au Bas-Canada, de purger l'hypothèque morale qui pesait en quelque sorte sur l'acte d'union ; mais les conservateurs crurent que cette question allait leur offrir un moyen de ressaisir l'influence perdue, et ils se déchaînèrent avec une extrême violence contre le cabinet. Tandis que sir Allan Mac-Nab traitait les Canadiens français de *rebelles* et d'*étrangers*, M. Sherwood déclara qu'il ne connaissait rien de si abominable que de s'adresser à ceux qui ont pris les armes pour la défense de leur pays, et parmi lesquels un grand nombre ont perdu leurs proches, pour récompenser ceux qui furent la cause de meurtres et de l'effusion du sang. Les partisans de la mesure répliquèrent sur le même ton, et, comme, après des séances très orageuses, le projet avait obtenu une majorité considérable, ses adversaires résolurent de recourir à la force : déjà, dans leurs réunions, ils avaient brûlé M. La Fontaine en effigie et fait appel à la foule ; déjà leurs journaux proclamaient que le défi était jeté et qu'il fallait que l'une des deux races disparût du Canada. Au rebours de certain personnage de la république de 1848, ces ultras font du désordre avec de l'ordre ; le 25 avril, lorsque lord Elgin sort de l'assemblée, où il vient de sanctionner l'acte d'indemnité, les Anglais de Montréal l'insultent, lui lancent des œufs pourris et des pierres. Le soir, ils se rendent au parlement, assiègent l'édifice, font pleuvoir dans la salle une grêle de pierres et de balles, entrent comme des furieux, brisent les pupitres, les fauteuils, s'emparent de la masse, proclament la dissolution. Au milieu de cette confusion, le président, M. Morin, donna un bel exemple de courage civique. Comme les représentants cherchaient à sortir pêle-mêle, il se leva, dit de sa voix la plus calme : *Order, order, gentlemen* ! et se rassit, en observant qu'il n'y avait pas de motion pour lever la séance. Un instant après, le cri : « Au feu ! » retentit, et le palais, avec ses archives, la bibliothèque, deviennent la proie des flammes. La ville de Montréal reste plusieurs jours à la merci de la populace, qui saccage, incendie les maisons de M. La Fontaine et des principaux libéraux. Les *loyaux* de 1849 n'avaient plus rien à reprocher aux patriotes de 1837, et, pour mieux accentuer leur complicité avec les émeutiers, sir Allan Mac-Nab, pendant la discussion de l'adresse, ne craignit pas de les justifier en ces termes : « Le ministère a proclamé que la loyauté était une farce, que l'insurrection était permise ; il recueille maintenant le fruit de ses doctrines. »

Les ultras demandèrent le rappel de lord Elgin, formèrent une association sous le titre de Ligue britannique de l'Amérique du Nord ; plusieurs même en vinrent à réclamer la séparation d'avec la métropole et s'unirent aux libéraux avancés, qui, sous la conduite de M. Joseph Papineau, battaient en brèche le ministère. Le patriote de 1838 avait vécu aux États-Unis et en France, il avait fréquenté Béranger, Cormenin, La Mennais et s'était enfoncé dans ses idées radicales ; rentré au Canada en 1847, il semblait, à son tour, n'avoir rien appris, rien oublié, rapportait les illusions, les rancunes d'un émigré ; et son premier discours parut une page détachée d'une harangue de 1836. Ce Lafayette canadien, qui, lui aussi, *s'enivrait de la délicieuse sensation du sourire de la multitude*, persistait à oublier que, si les passions sont les seuls orateurs qui persuadent aisément la foule, la politique n'est pas une géométrie, mais une hygiène qui s'applique, qu'elle se fait non avec le cœur, le ressentiment et l'enthousiasme, mais avec le cerveau, la prévoyance et la réflexion. Ne comprenant rien à ce qui s'était passé, trop disposé à traiter de renégats ses amis d'autrefois, qui avaient tiré de l'union le meilleur parti possible, il se prononça pour le rappel de celle-ci et fit figurer dans son programme l'annexion aux États-Unis, le suffrage universel, l'éligibilité de la magistrature, l'abolition des dîmes et du gouvernement responsable. Vains efforts : le peuple vit avec une pénible surprise son ancien favori combattre M. La Fontaine et répudia les doctrines du parti rouge ; la voix du tribun resta sans écho ; le gouvernement impérial se montra sévère à l'égard des annexionnistes et donna raison à lord Elgin sur tous les points. Montréal perdit son titre de capitale, et l'assemblée demanda au gouverneur, de convoquer le parlement tantôt à Toronto, tantôt à Québec. Toutefois, le système des capitales alternatives ayant paru trop dispendieux, la reine fut priée, en 1857, de faire un choix, qui se porta sur Ottawa, ville naissante, isolée dans la forêt, située sur la limite des deux provinces. Cette décision, qui était dictée par des raisons stratégiques, donna lieu à des récriminations nombreuses, et son exécution mit en péril l'existence de plusieurs ministères. Ces querelles sont aujourd'hui oubliées, Ottawa est restée la capitale de la confédération ; les Canadiens se félicitent d'avoir profité de la leçon de Montréal et suivi l'exemple des Américains.

La retraite volontaire de MM. La Fontaine et Baldwin en 1850, au moment où leur prestige était à son apogée, avait eu pour conséquence la formation du ministère Hincks-Morin, qui, avec une couleur libérale plus accusée, ne devait pas s'écarter de leur ligne de conduite. Il préparait avec ménagements la solution de diverses questions qui agitaient alors les esprits, convaincu qu'il vaut mieux dénouer celles-ci que les déchirer, lorsque, en 1854, il fut mis en minorité par une coalition des rouges et des tories. Un appel aux électeurs n'ayant pas réussi, il se retira définitivement. Les conservateurs avaient cessé de bouder le régime constitutionnel ; ils avaient, à leurs dépens, fait leur apprentissage, et compris, selon un mot célèbre, qu'une chambre, même mauvaise, vaut toujours mieux qu'une antichambre, que le premier devoir de l'homme d'état est de réussir, en s'accommodant des choses mêmes et des personnes qui peuvent lui déplaire : ils firent des ouvertures aux libéraux modérés, s'engageant à accepter les principaux points de leur programme, à favoriser le règlement des réserves du clergé et de la tenure seigneuriale. L'alliance de la majorité des Canadiens français avec les conservateurs du Haut-Canada fut conclue, scellée sur cette base, et eut des effets très heureux. Le nouveau cabinet Mac-Nab-Morin proposa aussitôt un projet sur les réserves du clergé protestant, qui consistaient en de grandes étendues de terres que jadis on lui avait assez arbitrairement affectées. On décida que les sommes provenant de l'aliénation formeraient un fonds spécial qui serait réparti entre les municipalités pour les besoins de l'instruction et les chemins : les traitements annuels et allocations précédemment octroyés aux ministres du culte seraient continués leur vie durant. Après bien des débats, la question de la tenure seigneuriale fut résolue dans le même esprit de conciliation : en introduisant au Canada un régime seigneurial très adouci, les rois de France avaient cherché avant tout à favoriser la colonisation, et c'est ainsi que tout émigrant pouvait réclamer l'étendue de terre qu'il voulait sans rien payer tout de suite au seigneur ; celui-ci possédait la terre, non pour lui-même, mais pour ceux qui le représentaient à la condition expresse de la défricher. Toutefois, le système avait fait son temps, il paralysait les progrès de l'industrie, de l'agriculture, et il tomba au milieu d'applaudissements unanimes : seul ou presque seul, M. Papineau l'avait défendu en 1850, disant qu'il était fondé sur la justice, et que son abolition n'avait pour patrons que des mendiants de popularité : le seigneur reparaissait sous le démocrate à tous crins. En même temps qu'elle accordait une indemnité qui finit par atteindre le chiffre de 6 millions de piastres, la loi proclama l'affranchissement du sol et de toutes les charges qui le grevaient, sauf une légère rente foncière rachetable à volonté, et cette grande révolution économique s'accomplit sans aucun trouble, sans la moindre commotion.

La théorie de la double majorité ne laissait pas non plus de soulever de fréquents conflits : en principe, l'union des deux Canadas n'ayant constitué qu'une seule province, une simple majorité semblait devoir la gouverner ; mais M. Baldwin ayant abandonné son portefeuille, parce que la majorité du Haut-Canada ne l'avait pas suivi dans une motion d'intérêt secondaire, on en vint, par une sorte de raffinement constitutionnel, à considérer que le ministère devait la commander dans chaque section. Poussée à l'extrême, cette théorie eût abouti à rendre toute administration impossible ; entendue d'une manière raisonnable, elle se réduisait à ceci : par suite de la position spéciale des deux races, les représentants de l'une ne pourraient s'opposer aux réclamations de l'autre ; en un mot, la majorité simple suffisait à la législation générale, elle devenait injuste lorsqu'il s'agissait d'une législation particulière. Au reste, cette doctrine n'arriva-jamais à prévaloir d'une manière complète et indiscutable, et ceux qui l'invoquaient le plus dans l'opposition se firent parfois un jeu de ne point la respecter quand ils eurent le pouvoir.

Depuis quelque temps déjà, l'opinion publique se prononçait avec une vivacité extrême contre la composition du conseil législatif, qui, nommé par la couronne, investi d'attributions à peu près semblables à celles de la chambre des lords, avait, en mainte circonstance, fait échec au gouvernement et repoussé certaines mesures populaires. On reprochait encore à ses membres de ne pas assister régulièrement aux séances, on s'imaginait qu'ils auraient plus de poids s'ils recevaient du peuple leur investiture. La chambre vota une adresse à la reine en la priant de recommander au parlement impérial la substitution du principe électif à celui de la nomination par la couronne. Déjà, sous l'influence de l'école économique qui estime qu'on doit ne conserver les colonies qu'autant qu'elles *paient* et ne voir en elles que des débouchés, des sources de revenus, l'Angleterre commençait à adopter le système du *fara da se*, leur reconnaissant une indépendance à peu près entière pour le règlement de leurs affaires intérieures, disposée à les laisser se gouverner pourvu qu'elles se défendissent elles-mêmes. Aussi le parlement impérial se contenta-t-il de rappeler les clauses de l'acte d'union qui instituaient le conseil législatif et d'autoriser le parlement canadien à opérer la modification réclamée. On conserva aux anciens conseillers leurs sièges leur vie durant, mais on leur adjoignit quarante-huit membres élus pour huit ans : tout membre de la chambre haute devait posséder dans son collège électoral des biens fonciers d'une valeur de 2,000 louis. Il en est un peu de certaines réformes comme de ces pèlerinages à La Mecque qu'exécutent de pieux musulmans en faisant quatre pas en avant, trois pas en arrière : après avoir beaucoup récriminé contre l'ancienne organisation, on s'aperçut que la nouvelle valait peut-être moins encore ; il y eut parfois grève des électeurs et grève des candidats ; les choix laissèrent à désirer, tous ceux qui se sentaient quelque ambition cherchant à entrer à la chambre basse, où se faisaient et se défaisaient les ministères. De 1856 jusqu'à l'établissement de la confédération, le conseil législatif fut une vertu, il ne fut pas un pouvoir, et les Canadiens, qui ne se piquent point d'entêtement contre les faits, n'hésitèrent pas en 1867 à revenir au système de 1840.

De 1854 à 1862, le progrès matériel et intellectuel marche du même pas que le progrès politique. Fondée sous les auspices de l'épiscopat catholique, pourvue de quatre facultés, l'université Laval va contribuer grandement à développer l'éducation et la littérature françaises. Les travaux publics, les canaux, la colonisation intérieure reçoivent une impulsion vigoureuse ; on inaugure le chemin de fer du Grand-Tronc qui traverse le pays sur une longueur de plus de 2,000 kilomètres ; le prince de Galles passe l'Océan et assiste à l'inauguration du pont Victoria, qui, jeté sur le Saint-Laurent, en face de Montréal, ne mesure pas moins de 3 kilomètres : cette visite princière est suivie de plusieurs autres, celles du prince Alfred, deuxième fils de la reine Victoria, du prince de Joinville et du prince Napoléon. Le Canada, si longtemps oublié, sort de son isolement et recommence à attirer l'attention de la France en envoyant à l'Exposition universelle de 1855 des échantillons de ses produits. En 1856, M. de Belvèze, commandant la frégate française la *Capricieuse*, vient stationner dans les eaux canadiennes : « La présence des Français, écrit M. Turcotte, fut un véritable événement. Les Canadiens, sans distinction d'origine, accueillirent et fêtèrent, surtout dans les principales villes, avec le plus grand enthousiasme, le premier navire de guerre français venu depuis la conquête ; ils saisirent cette occasion de témoigner à la France leurs profondes sympathies.

Ce n'étaient pas des étrangers qu'ils recevaient, mais des frères, des alliés ; c'étaient les fils d'une des nations les plus puissantes du globe. » La mission de M. de Belvèze eut pour résultat l'établissement d'un consulat général de France au Canada et une diminution des tarifs qui permit aux deux pays d'entrer en relations commerciales ; jusqu'alors, la France n'achetait rien au Canada et le peu qu'elle lui fournissait arrivait par intermédiaire. C'est en présence de nos marins qu'eut lieu la pose solennelle d'un monument commémoratif de la deuxième bataille d'Abraham : longtemps auparavant la ville de Québec avait érigé un obélisque aux deux héros des plaines d'Abraham, Wolf et Montcalm, avec cette inscription : *Mortem virtus communem, famam historia, monumentum posteritas dedit*. Du haut de cette pierre, réunis par la mort, par la gloire, les deux rivaux semblaient prêcher à leurs compatriotes l'oubli du passé et la réconciliation. De son côté, la ville de Montréal éleva un monument à la mémoire des victimes de l'insurrection de 1837 : après la réhabilitation par l'amnistie et l'indemnité, venait la glorification des défenseurs du peuple franco-canadien ; la réparation était complète.

C'est encore au ministère conservateur, présidé par MM. Cartier et Mac-Donald, les deux frères siamois, comme on les a surnommés, que revient l'initiative du travail de refonte et de codification des lois civiles du Bas-Canada : en plein XIXe siècle, cette province vivait encore sous le régime de la coutume de Paris, devenue insuffisante et incertaine sur bien des questions que le temps, cet éternel fabricant de nœuds gordiens, avait fait surgir. Le travail de codification, observait M. Cartier en le présentant à la chambre, a été fait à l'imitation du code français et en marchant sur ses traces ; il n'y a donc aucune crainte de ne pas réussir. Si, ajoutait-il, le Bas-Canada veut grandir, s'il veut conserver son individualité et sa nationalité, rien ne sera plus capable de réaliser ses espérances que l'adoption d'un code civil. Celui-ci fut promulgué le 1er août 1866 et publié dans les deux langues. Tout en prenant pour modèle notre code civil, ses auteurs ne l'ont pas copié servilement, mais ils l'ont adapté au caractère, aux habitudes de leurs concitoyens, et c'est ainsi qu'ils ont maintenu, consacré la liberté absolue de tester, qu'un statut provincial de 1805 avait déjà instituée ; c'est ainsi qu'ils abandonnent à chaque confession religieuse la tenue des actes de l'état civil, tout ce qui regarde la célébration du mariage et l'appréciation de sa validité.

Il n'y a pas plus de génération spontanée en politique qu'en histoire naturelle ; les questions appellent les questions, et la philosophie de l'histoire les montre jaillissant les unes après les autres d'une source mystérieuse, obéissant à une sorte d'atavisme et produisant souvent les effets les plus inattendus, comme il arrive dans l'ordre physiologique pour les générations humaines. Si le principe de la responsabilité ministérielle a conduit les Canadiens au système de la double majorité, l'agitation pour la représentation, fixée d'après le chiure de la population, va faire surgir l'idée d'une confédération. Tant que les Haut-Canadiens se virent moins nombreux que les Bas-Canadiens, ils se gardèrent bien de protester contre cette clause de l'acte d'union qui leur accordait un chiffre égal de représentants ; mais, dès 1856, les choses ont changé de face : grâce à l'émigration anglaise que favorisait la métropole, la proportion se trouve renversée. Toujours prompts à changer leur fusil d'épaule, enclins à décorer leur esprit de domination du masque d'un principe, les Haut-Canadiens s'emparèrent de la théorie si imprudemment mise en avant par M. Papineau. N'était-elle pas juste en elle-même ? Était-il sage de laisser deux peuples vivre sur un pied d'antagonisme ? Ne devait-on pas craindre qu'un refus persistant n'amenât la même crise qui menaçait d'éclater entre le Nord et le Sud des États-Unis ? M. George Brown et les libéraux *Clear Grits* firent grand bruit à ce sujet : protestations, réunions, bannières ornées de la devise : *Rep. by pop.*, par abréviation de *Représentation by population*, pamphlets protestants de tout genre contre les descendants des Gaulois, contre les catholiques romains, dépeints comme une race inférieure vouée au sort des

Iroquois et des Peaux-Rouges, rien ne manqua à l'agitation. A ces arguments léonins les orateurs du Bas-Canada, les premiers ministres, MM. Mac-Donald et Cartier, opposaient force raisons décisives : l'union accomplie dans la pensée formelle que l'égalité serait maintenue, l'exemple de l'Angleterre où, loin d'accepter la représentation des hommes seulement, on avait toujours tenu compte des intérêts, de la propriété, des classes de la société ; dans une certaine mesure celui des États-Unis, où les grands états n'ont pas plus de sénateurs que les petits. Une fois la représentation fondée sur le nombre, il n'y avait qu'un saut à exécuter pour tomber dans le suffrage universel. Le Bas-Canada faisait-il autre chose que se maintenir sur le terrain de la légitime défense et pouvait-on citer un seul exemple de domination française ?

Le conflit s'aggravait chaque année et menaçait de s'éterniser, car les partis se balançaient dans le parlement au point qu'une seule voix pouvait décider du sort d'une administration. Depuis longtemps, la presse, les publicistes indiquaient comme remède l'union des provinces britanniques de l'Amérique du Nord, et, dès 1858, MM. Cartier et Mac-Donald l'avaient fait entrer dans leurs programmes : des pourparlers furent entamés, mais les provinces maritimes ayant montré peu d'empressement, les négociations traînèrent en longueur. En 1864, le danger d'une scission, la faiblesse des cabinets qui se succédaient rapidement, des élections générales répétées firent comprendre aux hommes politiques la nécessité de sortir de cette impasse. La guerre de sécession aux États-Unis, alors dans toute son intensité, la possibilité d'une rupture de l'Angleterre avec cette république, la menace de l'abrogation des traités de réciprocité avec les Américains, les espérances d'annexion bruyamment affirmées par leurs journaux et leurs politiciens, la nécessité de se défendre soi-même, puisque la métropole laissait ce soin aux colonies, tout concourait à pousser celles-ci vers un rapprochement. Ne devaient-elles, pas en retirer les plus grands avantages commerciaux et politiques ? Grâce aux provinces maritimes, le Canada ne se trouverait plus emprisonné en quelque sorte pendant cinq mois dans les glaces ; il aurait des ports de mer ouverts toute l'année, l'outillage d'une nation forte, capable de faire face à son ambitieux voisin et de se passer de lui. Tandis qu'elles possèdent en abondance de précieux minéraux, le charbon, des pêcheries magnifiques, l'Ouest leur apporterait ses terres à blé, l'Est, le Canada central, ses facilités pour ses industries, ses manufactures, un des plus beaux fleuves navigables du monde. En 1864, sir Etienne Taché (un Canadien *siré*, comme on dit plaisamment de ceux qui reçoivent de la reine le titre de sir ou de chevalier) forma un ministère de conciliation où entra le parti libéral du Haut-Canada, et, le

1er octobre, une conférence solennelle réunissait à Québec les délégués des provinces maritimes avec les membres du gouvernement canadien.

Le projet qui sortit de leurs délibérations instituait une législature fédérale chargée de régler les affaires communes, telles que la milice, les douanes, les pêcheries, la nomination des juges, et composée d'un gouverneur général, sorte de vice-roi constitutionnel nommé par la couronne, d'un sénat et d'une chambre élue pour cinq ans. — Le sénat aurait 76 membres nommés à vie, 24 pour chaque Canada, 24 pour les provinces maritimes, 4 pour Terre-Neuve. La représentation d'après le nombre ayant prévalu dans la formation de la chambre des communes, le Bas-Canada conserverait 65 députés, le Haut-Canada en aurait 82, la Nouvelle-Ecosse 19, le Nouveau-Brunswick 15. Chaque province gardait le contrôle de ses institutions civiles, religieuses et municipales, pouvait amender sa constitution, sous cette réserve que les lieutenants-gouverneurs seraient choisis, salariés par le pouvoir fédéral, et que le gouverneur général aurait, pendant un an, le droit de *veto* sur les lois votées par les législatures locales. Enfin la conférence de Québec réclamait une union douanière et un chemin de fer intercolonial, reliant le Saint-Laurent à la ville d'Halifax. Ce projet fait grand honneur aux hommes qui l'ont conçu et mené à bonne fin : partant de cette vue très juste qu'il faut greffer le neuf sur le vieux, qu'on n'improvise pas l'avenir, mais qu'il se fait avec du passé, ils ont combiné dans un heureux mélange la constitution anglaise et américaine, emprunté à la première le régime monarchique, la responsabilité ministérielle, à la seconde le principe de la fédération dépouillé de certaines exagérations qui constituent chaque état presque indépendant du pouvoir central. Comme l'observa le premier ministre, sir John Mac-Donald, le président des États-Unis, se trouvant élu pour une courte période, ne peut jamais être considéré comme le souverain de la nation, il est seulement le chef heureux d'un parti. Il est aussi un quasi-despote pendant quatre ans, car il possède un grand pouvoir, un patronage immense, et son cabinet se compose de chefs de départements qu'il peut consulter ou ne pas consulter, irresponsables en droit, tandis qu'il l'est en fait : on aboutit ainsi à une espèce de démocratie contrôlée par une contrefaçon de césarisme. Les Canadiens peuvent donc, en toute vérité, répéter aux Américains le mot de M. Joseph Tassé : « Nous ne voulons pas de l'annexion, parce que nos institutions politiques sont plus libres que les vôtres. »

Devant le parlement de Québec, la cause de la confédération, après un mois de débats, triompha à une forte majorité : les démocrates trouvèrent trop monarchique et trop aristocratique la nouvelle constitution, d'autres exprimèrent la crainte qu'elle ne portât un coup à la nationalité française et qu'elle n'augmentât singulièrement les dépenses. Sous l'influence des États-Unis, les provinces maritimes se montrèrent d'abord hostiles et firent échec au projet ; mais le gouvernement impérial s'appliqua lui-même à calmer leurs appréhensions, l'opinion publique se modifia, un nouveau ministère se forma dans le Nouveau-Brunswick et ordonna des élections générales : au mois de juin 1866, les chambres adoptaient des résolutions favorables à la confédération.

Un semblable revirement ne tarda pas à se manifester dans le gouvernement de la Nouvelle-Ecosse, grâce à l'accord de M. Tupper et du chef de l'opposition, M. Archibald ; seules les îles du Prince-Edouard et de Terre-Neuve persévérèrent dans leur refus. Le projet ne rencontra aucune opposition de la part de la chambre des lords ni de la chambre des communes, et, le 1er juillet 1867, la confédération était inaugurée au milieu des réjouissances publiques. On donna aux provinces réunies le nom assez baroque de *Dominion of Canada*, puissance du Canada, celui de province de Québec au Bas-Canada, celui d'Ontario au Haut-Canada. Lord Monk prêta serment comme premier gouverneur du Dominion, et choisit pour principaux ministres MM. Mac-Donald et Cartier, ceux-là mêmes qui, ayant créé le nouveau régime, se trouvaient justement appelés à le faire fonctionner.

VI

J'ai entendu conter quelque part l'apologue suivant. Au commencement du monde, Dieu conçut l'idée de le peupler par des créatures vivantes, des arbres et des fleurs. Un jour donc, comme c'était le régime parlementaire qui régnait alors, il assembla sa chambre et apporta sur le bureau le projet de la Rose, en y joignant le dessin de la fleur parfumée et délicate, telle que nous le possédons aujourd'hui. Un grand brouhaha se fit aussitôt dans la majorité et des amendements nombreux se mirent à pleuvoir. Quelques députés allèrent même jusqu'à protester contre ce qu'ils taxaient d'inutilité ruineuse et en appelèrent à la conscience publique. Celui-ci s'élance à la tribune et dépose un amendement tendant à la suppression radicale des épines ; au nom du goût public cet autre demande le renvoi au ministre des beaux-arts, parce que la feuille de la rose est découpée en nervures inégales ; un troisième prétend exagéré le nombre des pétales et sollicite une réduction ; un quatrième fait ressortir son peu de solidité. Ce que Dieu voyant, il prend un grand parti, prononce la dissolution de la chambre et décrète la création. Sans cette décision héroïque, nous marcherions peut-être à quatre pattes, et nous n'aurions ni la verdure, ni les fleurs, ni les oiseaux pour nous consoler du reste. En imaginant cette spirituelle boutade, son auteur songeait sans doute à certaine variété de parlementarisme bavard et impuissant, qui se consume lui-même dans un dédale d'ajournements, de commissions, d'expédients, obstinément attaché aux formes, à cette procédure tracassière qui fait disparaître le fond des questions sous l'inanité de la phrase, oublier le procès pour le plaidoyer, la cause pour l'orateur, le but pour le moyen. Sans doute le régime parlementaire au Canada a, lui aussi, de nombreux inconvénients : la *fonctionomanie* y sévit avec âpreté, la chasse aux portefeuilles et aux places amène des calculs peu édifiants et telle mesure qui eût réclamé une vigoureuse initiative, qu'un despote intelligent eût résolue en vingt-quatre heures, a subi d'interminables retards. En outre, nos esprits français, façonnés depuis des siècles au système unitaire et centralisateur, comprennent malaisément cette constitution bicéphale, cette reconnaissance officielle de deux races, ces discours prononcés successivement en anglais et en français dans la même assemblée, cet échafaudage de ministères et de parlements qui parfois représentent des opinions diverses et se mettent en conflit. En présence de ce spectacle, nous éprouvons la même impression qu'en entrant dans une usine : les poulies qui grincent, les mille rouages qui vont en sens contraire et paraissent s'entrechoquer, les machines qui gémissent, ce tapage assourdissant, tout cet appareil bruyant, tumultueux, nous donnent la sensation d'une confusion universelle. Regardons-y de plus près, nous verrons que cet outillage de l'usine canadienne obéit à des directeurs expérimentés et que cette variété de ressorts ne nuit pas à l'harmonie de la machine : les résultats, cette pierre de touche des principes, leur donnent raison jusqu'à présent ; le régime parlementaire a servi de véhicule au progrès, à la liberté, il a appris aux Canadiens à faire leurs affaires eux-mêmes, car l'Angleterre n'exerce plus qu'une suzeraineté purement nominale, qui se manifeste par le maintien d'un seul régiment anglais à Halifax et l'envoi d'un gouverneur constitutionnel avec un traitement de 50,000 dollars pris sur le budget fédéral. Leurs luttes politiques sont ardentes, mais au fond, ces rouges et ces bleus, ces conservateurs et ces libéraux qui semblent séparés par un abîme, ne diffèrent guère que par des nuances, et en général ils ne recherchent que le pouvoir avec ses avantages directs, sans ces concussions, sans ces spéculations qui en d'autres pays produisent tant de scandales. Les ministres, quand ils se retirent des affaires, reprennent leur ancienne fonction ou sont nommés juges par la reine, et l'un d'eux racontait, non sans fierté, qu'un de ses confrères des États-Unis, apprenant qu'au bout de quinze ans de ministère, il n'avait pas augmenté sa fortune, l'avait amicalement traité d'imbécile. Un autre fait remarquable, c'est la longévité de leurs hommes d'état : voici, par exemple, sir John Mac-Donald, né premier ministre comme d'autres naissent chefs d'opposition, possédant ces rares instincts que Royer-Collard appelle la partie divine de l'art de gouverner, habile à discipliner une majorité, à se concilier l'affection de ses partisans et ayant trouvé la solution de ce problème difficile : la création de l'ouvrier tory ; ses compatriotes le comparent à lord Beaconsfield. Il est député depuis quarante ans, il a été trente ans ministre ; depuis 1854, si l'on excepte le ministère Brown-Dorion, qui dura quarante-huit heures, le cabinet libéral de 1863 et 1864, l'administration Mackenzie de 1873 à 1878, il a fait partie de tous les gouvernements qui se sont succédé : il y rencontre des Canadiens français dignes de voir leurs noms associés au sien, M. Cartier, mort en 1873, sir Hector Langevin, MM. Chapleau et Caron, qui, dans le ministère fédéral, représentent aujourd'hui la province de Québec.

Ce n'est pas à dire pour cela que les électeurs se considèrent comme inféodés à leurs élus et que ceux-ci puissent disposer de leurs suffrages comme de ceux d'un bourg pourri. La plupart ont eu à pâtir des caprices populaires et, en 1878, sir John Mac-Donald s'est vu préférer, par la ville de Kingston, qu'il représentait depuis trente et un ans, un homme obscur, candidat de M. Mackenzie : mais à peine commise, la faute se trouva aussitôt réparée, car deux circonscriptions du Manitoba et de la Colombie anglaise se disputèrent l'honneur d'avoir pour député le premier ministre. Très curieux d'ailleurs le mécanisme électoral du Dominion. La bataille s'engage par une cérémonie légale qu'on appelle la nomination ou mise en candidature, et qui a pour but de déterminer d'avance, d'une manière invariable, le chiffre des compétiteurs : cette présentation des candidats a lieu dans un édifice public, entre midi et deux heures, au moyen d'une déclaration signée de vingt-cinq électeurs et du dépôt d'une somme de 50 piastres ; souvent les rivaux conviennent d'une réunion générale où se débattent les conditions de la lutte. A la différence des meetings anglais, savamment, confortablement organisés, comme une séance de la chambre, où l'on discute les questions du jour à grand renfort de chiffres, d'arguments solides, de détails minutieux, l'assemblée populaire française se tient le dimanche, sur le préau de l'église, à la sortie de la messe, et dure dans chaque paroisse de midi à six heures, sans autre interruption que les vêpres. Chaque candidat a deux ou quatre orateurs qui chantent tour à tour ses vertus, les défauts de son adversaire, sans jamais lasser *l'habitant* (c'est le nom que prend le paysan canadien). Pour lui, la politique remplace le théâtre, il y cherche avant tout un plaisir intellectuel, se montre plus sensible à la rhétorique qu'au raisonnement et fait plus de cas d'un élan d'éloquence que d'une bonne démonstration économique. Quelquefois il se laisse influencer par des raisons assez originales, et on rapporte l'exemple d'un candidat battu parce qu'il n'avait pas d'enfants. Un brave citoyen lui avait lancé ce syllogisme triomphant : « Nous avons tous beaucoup d'enfants et nous voulons que notre député s'occupe de leur avenir ; or, vous n'en avez pas, donc vous ne comprendriez pas la nécessité de vous en occuper, et nous ne voterons pas pour vous. »

Le jour du scrutin venu, l'électeur entre seul dans la salle des votes, il y donne son nom et on lui remet un bulletin paraphé avec une enveloppe qu'il ne peut emporter dehors sous peine d'une forte amende : ce bulletin contient les noms des candidats présentés. Il fait une croix vis-à-vis de celui qu'il préfère, renferme le papier dans l'enveloppe et le remet à l'officier rapporteur qui le dépose dans l'urne en sa présence. Il n'y a pas de scrutin de ballottage. Toute contestation d'une élection fédérale ressortit à la cour supérieure du district judiciaire où elle a eu lieu, sauf appel à la cour suprême. Les drapeaux, les rubans, les cocardes sont sévèrement prohibés, les auberges doivent rester fermées un jour d'élection ; mais c'est en vain que la loi prodigue les pénalités, les fraudes n'en vont pas moins leur train et les élections coûtent fort cher, 5 ou 6,000 piastres, soit en moyenne de 20 à 25,000 francs. De là la nécessité pour chaque parti d'instituer un fonds spécial, une sorte de tontine qui s'alimente par des cotisations ou autrement. Le Canadien est grand buveur, et tout candidat qui veut réussir doit trouver un moyen de *payer la traite*, c'est-à-dire de faire boire pendant la période électorale ; sans quoi l'habitant prononce la terrible formule qui équivaut à une excommunication majeure : *On ne s'amuse pas*. Il faut donc l'amuser, et s'y prendre adroitement, car il suffit d'un seul verre de genièvre pour faire casser une élection, et c'est aussi une affaire très onéreuse qu'une contestation. Aussi quelle ingéniosité ! que de stratagèmes pour tourner ce code redoutable ! Le candidat n'offrira pas directement à boire, mais qui lui interdit de livrer du bétail, du cognac, des habits sans en réclamer le prix ? La cour suprême refuse au clergé le droit de dénoncer un individu ou un parti comme entaché d'erreur religieuse, mais comment pénétrer le secret du confessionnal, comment forcer le curé à donner la communion à tel habitant qui vote pour un rouge, quand il devrait voter pour un blanc ? Reprendra-t-on les errements du parlement de Paris qui, au XVIIIe siècle, faisait porter entre quatre soldats les derniers sacrements à certains jansénistes réprouvés par l'église ? L'affaire vient-elle en justice, on ne saurait trop admirer avec quelle subtilité témoins et inculpés louvoient entre la vérité et le mensonge, évitent de se compromettre. Lisez leurs dépositions dans l'affaire de Berthier en 1878, vous reconnaîtrez que la tradition de l'avocat Pathelin ne se perd pas chez les Français d'Amérique, qu'ils ont à leur service des trésors de casuistique et de rouerie normande.

Malgré ces ombres au tableau, la confédération marche sur un terrain très sain, très solide, et, depuis son établissement, elle s'agrandit dans tous les sens. L'Ile du Prince-Edouard, la Colombie anglaise sont venues à elle, et, en 1870, elle a, au prix de 7,500,000 francs, racheté à la compagnie de la baie d'Hudson le territoire du Nord-Ouest qui ne contient pas moins de 1,800,000 milles carrés de terres, soit 465 millions d'hectares, dont près de la moitié vaut au moins deux piastres l'acre. Ainsi se réalise la prédiction d'un homme d'état américain, M. William Seward : « Les États-Unis regretteront un jour d'avoir traité le Canada avec autant, d'orgueil et de jactance. Le Canada est destiné à devenir le siège d'un immense empire, la Russie du Nord américain, mais une Russie avec une civilisation plus avancée que la Russie d'Europe. Toutes les étoiles politiques du Sud doivent s'éteindre, tandis que celles qui éclairent le pôle nord augmentent toujours en éclat et en splendeur. » Un journal illustré du Dominion a publié une caricature patriotique représentant le Gulliver canadien, avec une figure débonnaire et placide, sans autres armes que ses bras et ses mains gigantesques, engloutissant la plus grande partie du continent américain, tandis qu'une foule de lilliputiens, armés jusqu'aux dents, le Turc, le Yankee, l'Allemand, l'Italien, le contemplent d'un air envieux et stupéfait. Pour développer sa puissance et frayer la voie à l'émigration, pour que ses immenses *terres noires* deviennent plus rapidement le grenier du monde, le géant sillonne le Dominion de canaux, de lignes ferrées ; il a achevé l'Intercolonial, dépensé 250 millions pour canaliser le Saint-Laurent, et voici qu'il construit le Transcontinental qui, reliant les deux océans, de Port-Moody à Halifax, mettant une partie de l'Asie en communication avec l'Europe, va traverser la confédération entière sur une longueur de 4,650 kilomètres. *My politic is railway* : Ma politique est une politique de chemins de fer, avait dit sir Allan Mac-Nab, et sir John Mac-Donald s'est emparé de la devise. Le projet toutefois a subi mainte vicissitude : le parti conservateur, qui en avait eu l'initiative, tombe en 1873, pour avoir concédé la ligue à un capitaliste canadien qui commit la faute de chercher à s'entendre avec des financiers américains liés à une compagnie rivale. Le parti libéral en prend la responsabilité, dépense plus de 15 millions en frais d'explorations, mais, répugnant à engager le crédit du pays dans de grandes opérations, il se borne à suivre le mouvement, à emboiter le pas derrière l'émigration, au lieu d'aller de l'avant. En 1878, les conservateurs remontent au pouvoir, et, dès l'année suivante, ils signent avec un syndicat une convention par laquelle celui-ci s'oblige à terminer le Transcontinental en 1890, moyennant une subvention de 130 millions de francs, qui vient d'être augmentée de 157 millions, et une concession de 10 millions d'hectares de terres. Dès lors les travaux se poursuivent avec une véritable fureur : neuf mille ouvriers sont employés aux seuls travaux sur le lac Supérieur, et la compagnie du Pacifique a désarmé les préventions de l'ancien premier ministre libéral, M. Mackenzie, qui, revenant des montagnes Rocheuses, adressait tout récemment une dépêche des plus flatteuses à son président, M. Geo Stephen. Il ne reste plus à faire aujourd'hui que 1,300 kilomètres environ, et l'inauguration est fixée en 1886. On a calculé que le voyage de Liverpool ou du Havre au Japon par Montréal et le Pacifique Canadien sera de 1,722 kilomètres plus court que par New-York et le Transcontinental américain : le tarif d'émigration de Québec à Winnipeg va être réduit de 31 à 12 piastres.

Dans un discours prononcé le 5 février 1884, sir Charles Tupper, ministre des chemins de fer et des canaux, présentait, au sujet du Nord-Ouest, des chiffres digues d'attention. 100,000 cultivateurs, ensemençant chacun 320 acres, avec un rendement moyen de 20 minois, y récolteraient 640 millions de minots d'excellent blé, soit 50 pour 100 de plus que la production totale des États-Unis ; or, sans parler de ses mines, de bassins houillers très étendus, le Nord-Ouest renferme six zones qui donneraient à 100,000 cultivateurs 320 acres. Le ministre ajoutait, avec un légitime sentiment d'orgueil : « Lorsque les États-Unis, avec une population de plus de 38 millions d'habitants, entreprirent de construire un chemin de fer transcontinental, l'univers en fut étonné. Ce projet attira l'attention du monde civilisé ; et chaque jour la presse l'annonça comme un fait merveilleux. Or, tous ont dit qu'il s'en fallait de beaucoup que le *Union* et le *Central-Pacific* fussent aussi longs que le *Pacific Canadian* : ils ne couvraient qu'environ 1,900 milles de chemin, tandis que le chemin de fer canadien du Pacifique seul en couvre 2,541 milles ; et cependant, 4 millions 1/2 de Canadiens ont eu le courage d'entreprendre un ouvrage plus grand que celui des États-Unis, qui avait provoqué l'admiration de l'univers. » Déjà on rencontre dans le Nord-Ouest, de grandes exploitations, comme la ferme Bell, qui n'a pas moins de 50,000 acres, dont 7,000 en pleine culture, et rapporte de très beaux bénéfices : divisée en quatre sections, que relie un téléphone, munie d'un bureau central, elle est organisée sur le modèle des grandes fermes de l'Ouest américain. Tous, d'ailleurs, actionnaires de compagnies agricoles ou simples colons, prospèrent et se montrent satisfaits de leur sort ; mais ici encore éclate le génie différent des deux races : au rebours du colon anglais, le Français a besoin de voisiner, de coloniser par groupes ; il n'aime pas les fermes isolées, leur préfère des bandes de terre étroites et longues et place sa maison sur le bord de la route, aussi près que possible de la maison voisine. Avis aux socialistes européens qui déclament contre la tyrannie du capital ! Le gouvernement canadien, offre gratuitement 64 hectares de terres excellentes à tout colon qui s'engage à s'établir et défricher pendant trois ans à partir de la prise de possession. Ce délai expiré, le titre devient définitif, et le nouveau propriétaire peut, à titre de préemption, acheter un lot contigu de même étendue au prix de 1 1/2 à 2 dollars l'acre, ainsi qu'une parcelle boisée de 20 acres. Ces *homestead*, ou biens de famille, la loi les déclare, jusqu'à concurrence d'une valeur de 2,000 dollars, insaisissables pour toute dette antérieure ou postérieure : le mari ne peut les aliéner sans le consentement de la femme, qui acquiert un droit d'usufruit après sa mort. Quant aux simples cultivateurs, qui n'ont pour tout capital que leurs bras, ils peuvent acheter facilement un *homestead* en se louant quelque temps comme garçons de fermes, car leurs salaires varient de 125 à 150 francs par mois : on cite l'exemple d'un cordonnier anglais qui, arrivé dans le Nord-Ouest avec 2 dollars 1/4 en 1879, possède aujourd'hui 480 acres de terre. A vrai dire, il fait un peu froid là-bas, puisqu'en hiver le thermomètre descend jusqu'à 25 degrés au-dessous de zéro ; mais les labours commencent au mois d'avril, la neige disparaît alors, et on s'y habitue vite, paraît-il, car les Canadiens adorent leur climat, et c'est chez eux un dicton populaire que l'homme qui aime bien son pays n'y a jamais froid : nulle part non plus il n'y a autant de centenaires qu'au Canada. Cependant, la neige à bien quelques inconvénients, et c'est ainsi que, dans une des provinces maritimes, le retard d'un train qui portait un député, et avec lui la fortune du ministère, faillit avoir des suites funestes : « En vain, pour l'attendre, écrit M. Hector Fabre, tous les orateurs de la droite avaient-ils épuisé leur éloquence ; il ne restait plus sur la brèche que le premier ministre, qui parlait déjà depuis quarante-huit heures et qui commençait à se sentir un peu las. Enfin, le train entre en gare, et, de joie, le premier ministre s'évanouit dans les bras de la majorité. »

Presque au milieu du Dominion, à égale distance du pôle et de l'équateur, se trouve le territoire du Manitoba. Là vivait, en 1869, une population demi-nomade, les *Half-Bred*, en français les Bois-Brûlés, nés en majeure partie de mariages entre les Indiennes et les Français-Canadiens, parlant notre langue et professant la religion catholique. Après le rachat de ce territoire à la compagnie d'Hudson, le gouvernement d'Ottawa résolut d'y diriger un courant d'émigration anglaise : il fait décréter son annexion pure et simple sous le nom de province du Manitoba, envoie un gouverneur, des arpenteurs à Winnipeg, bourg d'un millier d'âmes, situé à l'embouchure de la Rivière-Rouge, et capitale du pays. Mais voilà que les métis, ces demi-sauvages, comme les appelaient dédaigneusement les politiciens d'Ontario, s'avisent de trouver mauvais qu'on veuille disposer d'eux sans les consulter et installer de nouveaux colons sur des terres dont ils ont la jouissance depuis un temps immémorial. Ils se réunissent, forment un comité national, et, au nombre de quatre cents, se portent au-devant du gouverneur. « Qui vous envoie ? leur demande celui-ci. — Le gouvernement. — Quel gouvernement ? — Le gouvernement que nous avons fait. » Ils obligent M. Mac-Dougall à rebrousser chemin fort piteusement, constituent de pied en cap un gouvernement provisoire, avec un président, un ministère, et choisissent, comme symbole de leur origine et de leur république indo-canadienne, le drapeau blanc fleurdelisé, au milieu duquel on place la harpe d'Irlande. Puis, ils lancent une déclaration solennelle dont voici le préambule : « Nous, les représentants du peuple, assemblés en conseil au Fort-Garry, le 24 novembre 1869, après avoir invoqué le Dieu des nations, nous appuyant sur les principes fondamentaux de la morale, déclarons solennellement, au nom de notre constitution et en notre propre nom, devant Dieu et devant les hommes, que nous refusons de reconnaître l'autorité du Canada, qui prétend avoir le droit de nous commander et de nous imposer une forme de gouvernement despotique...» Toutefois, ils se ravisent et entrent en négociations avec le ministère fédéral ; mais, au moment où tout va s'arranger sans effusion de sang, les colons anglais, déjà nombreux

117

autour du lac Winnipeg, s'insurgent contre les métis. Le président Louis Riel, qui prend au sérieux son rôle de dictateur, fait saisir les plus mutins ; leur chef, un nommé Scott, est traduit devant un conseil de guerre, jugé, condamné, fusillé. Loin d'affermir son autorité, cette exécution découragea ses partisans eux-mêmes, au point que deux bataillons de la milice, commandés par le colonel Wolseley, furent accueillis en libérateurs par les métis, et Louis Riel avec ses principaux complices obligés de s'enfuir aux États-Unis. Cependant, les délégués du gouvernement provisoire auprès du Dominion étaient reçus comme les ambassadeurs d'un gouvernement régulier ; on accepta leurs conditions, on traita ces vaincus comme des vainqueurs, on érigea le district de la Rivière-Rouge en province autonome, avec un lieutenant-gouverneur, des ministres responsables, deux chambres, l'une élective, l'autre à vie, où la langue française et la langue anglaise, sont traitées sur un pied d'égalité parfaite. (Cette dernière, qui se composait de sept membres, a eu le rare désintéressement de se dissoudre elle-même pour alléger les dépenses de l'état.) De plus, la confédération prenait à sa charge la majeure partie des dépenses provinciales jusqu'à ce que la population comptât au moins 400,000 âmes. Aujourd'hui, les Manitobains envoient au parlement deux sénateurs et cinq députés ; Winnipeg, la Ville-Champignon, compte 30,000 habitants ; la valeur de la propriété s'y accroît d'une façon extraordinaire. On peut en juger par cette anecdote : il y a douze ans, un paroissien de l'archevêque Taché, contraint de quitter le pays, vient le trouver, et, s'excusant de ne pouvoir payer son banc à l'église, lui offre, pour acquitter sa dette, un petit morceau de terrain dans Saint-Boniface : « A peine de quoi payer une messe basse, » ajoute timidement le brave homme. L'archevêque accepte : dix ans après, le terrain se revendait 130,000 francs.

Malgré les dépenses considérables occasionnées par les chemins de fer et les canaux, les habitants du Dominion sont peut-être, parmi les contribuables du monde civilisé, ceux qui paient le moins d'impôts. Point d'armée permanente, donc pas de budget de la guerre, une simple milice d'environ 50,000 volontaires, qui se triplerait ou se quintuplerait demain s'il survenait une collision avec les États-Unis. Les recettes du budget fédéral de 1884 atteignent le chiffre de 36,800,000 piastres environ, la dépense ne dépasse pas 28,730,157 piastres, soit un excédent de 8 millions. Le 29 février 1884, M. S.-L. Tilley, ministre des finances, apportait son projet de budget pour l'exercice 1885 : dépenses, 29,811,639 piastres, revenus, 31 millions, qui se décomposent de la sorte : douanes, 20,000,000 ; accise, 5,500,000 ; postes, 1,900,000 ; travaux publics, 3,000,000 ; intérêts sur placements, 750,000 ; autres sources, 800,000. L'impôt foncier

119

continue à rester inconnu dans cet eldorado économique, et, chose non moins étonnante, les évaluations ministérielles n'ont rien d'exagéré, puisqu'au 30 septembre dernier l'état des recettes accusait un excédent de 10 millions de francs. Dans ces candides et enviables budgets, les douanes figurent pour les deux tiers du revenu total : les Canadiens n'ont pas hésité à adopter en 1880 un régime très énergique, qui, sans distinction, frappe les produits anglais comme les autres ; au reste, par l'organe du marquis de Lorne, la métropole leur a reconnu le droit de conclure des traités de commerce avec les pays étrangers. La seule différence qui, sous ce rapport, existe entre les libéraux et les conservateurs, c'est que les premiers réclament des droits d'entrée plus modérés ; mais ni les uns ni les autres ne partagent les théories cosmopolites des libre-échangistes européens, qui comparent la protection à un boulet, les tarifs canadiens à un musée d'instruments de torture, et prétendent qu'en suivant l'exemple des Américains, le Dominion a oublié la fable de la grenouille qui veut se faire aussi grosse qu'un bœuf. Les conservateurs répondent avec le prince de Bismarck qu'ils ne sont ni libre-échangistes, ni protectionnistes, mais Canadiens, qu'ils font ce qu'ils croient le plus utile à leur pays, qu'après tout, les tarifs sont l'impôt le moins gênant, qu'ils relèvent le travail national et lui apprennent à s'affranchir des Etats-Unis, vis-à-vis desquels il se trouvait jusqu'alors dans une sorte de vasselage économique. Ils ajoutent encore que le refus de ceux-ci de proroger les traités de commerce, la dureté de leur régime douanier, les coalitions, les *rings* de leurs manufacturiers ont rendu nécessaires ces représailles. Non-seulement ils ont racheté les déficits du passé, mais ils ont des excédents qui leur ont permis de réduire les droits de 2 millions ¼ de piastres. Ainsi le tarif de protection a été un tarif de revenu : il a encouragé les manufactures, puisque les importations de coton brut, qui, en 1877-1878, ne dépassaient pas 7,243,413 livres, atteignent en 1882 le chiffre de 27,353,721 livres ; la production houillère a augmenté de 700,000 tonnes, le consommateur se procure les marchandises, les cotons, les lainages dont il a besoin à des prix moindres que ceux de 1878 ; le cultivateur vend aussi son blé plus cher qu'auparavant. Si la balance du commerce ne penche pas en faveur du Dominion, si les importations de 1882-1883 atteignent 123,137,019 piastres et si l'exportation n'a été que de 88,334,031, cela tient aux efforts tentés pour créer une industrie nationale, aux travaux du Pacifique, qui ont nécessité une introduction considérable de matières premières, cotons, fers, machines. Naturellement celles-ci ne peuvent rendre aussitôt les avantages qu'on a le droit d'en espérer, et plusieurs années se passeront avant qu'elles paient en développement industriel, en salaires, ce qu'elles auront coûté.

VII

La constitution de 1867 a remis aux législatures provinciales tout ce qui se rattache aux intérêts purement locaux et en particulier à l'instruction publique ; mais, les minorités religieuses d'Ontario et de Québec ayant insisté pour obtenir des conditions qui les rendissent indépendantes des majorités, l'acte d'union stipula que rien dans les lois provinciales « ne devrait préjudicier à aucun droit ou privilège conféré à aucune classe de personnes relativement aux écoles confessionnelles. » La seule atteinte à la liberté d'enseignement au Canada consiste en ce que chaque père de famille doit payer une contribution annuelle affectée au soutien des écoles primaires de son canton pour ceux de ses enfants âgés de sept à quatorze ans, qu'ils les fréquentent ou non. Tandis que les législatures d'Ontario et de Québec rivalisent de libéralisme envers leurs minorités confessionnelles, la majorité anglo-protestante du Nouveau-Brunswick, en haine de l'élément français, qui grandissait à vue d'œil, avait cru pouvoir proscrire l'enseignement religieux : de là une irritation très vive qui se traduisit par des refus de payer les cotisations scolaires, par des emprisonnements et des émeutes ; le sang coula, un shérif, deux miliciens furent tués en 1874. La presse américaine tonna contre les malheureux Acadiens, fanatisés par leurs prêtres, disait-elle ; elle publia des caricatures où le pape, les jésuites massacraient les missionnaires du progrès. Après dix-huit mois d'enquête, le procès se termina par l'acquittement en masse des accusés (il avait fallu choisir les jurés dans une population presque tout entière catholique). Le Nouveau-Brunswick a fini par se rendre aux vœux du parlement fédéral, il a reconnu la liberté d'enseignement, et, sous le nom poétique d'académie acadienne, le clergé français a fondé dans le comté de Gloucester un collège où l'on enseigne le latin, le grec, toutes les études classiques. Parmi les traits particuliers au système scolaire du Nouveau-Brunswick, il faut signaler le *boarding-room*, c'est-à-dire l'usage d'accorder à l'instituteur, comme partie de son traitement, le privilège d'être hébergé à tour de rôle par les principales familles de l'endroit. Cette pratique fait l'objet de discussions tort vives dans les conférences d'instituteurs aux États-Unis, au Canada, et ne parait pas devoir se perpétuer.

Depuis 1853 surtout, l'instruction publique a fait de grands progrès dans le Dominion : ce peuple, qui, sous le patronage de la couronne d'Angleterre, a réalisé cette conception idéale d'une république conservatrice et chrétienne, estime que les chemins de fer, les canaux, les écoles sont le luxe d'une jeune démocratie, et il n'hésite pas à s'imposer de lourds sacrifices lorsqu'il s'agit de ses enfants. Dans la seule province de Québec, le gouvernement, pendant l'année 1882-1883, a dépensé 352,677 piastres pour les établissements scolaires, tandis que les contributions générales payées directement par les habitants s'élevaient à 2,809,739 piastres ; sur une population catholique et protestante de 1,359,027 habitants, la statistique relève 5,039 écoles et maisons d'éducation, 7,211 professeurs et instituteurs, 245,225 élèves, ce qui donne une moyenne d'un élève par moins de six habitons. Les institutions se classent en cinq grandes divisions : écoles supérieures ou universités (elles sont au nombre de trois) ; écoles secondaires, collèges ou académies ; écoles normales, écoles spéciales, écoles primaires.

Quant aux universités, collèges classiques et couvents, ils ne sont point régis par les lois scolaires ; ce sont des institutions indépendantes qui reçoivent une subvention de l'état, à condition d'envoyer chaque année un rapport au surintendant. D'après la loi de 1875, ce dernier doit se conformer aux avis du conseil supérieur dont il a la présidence et qui se compose de deux comités : dans la section catholique romaine figurent les huit évêques ou administrateurs des diocèses spirituels avec un nombre égal de personnes nommées par le lieutenant-gouverneur ; la section protestante renferme autant de membres qu'il y a d'évêques dans l'autre et elle a le droit de s'adjoindre cinq associés. Il y a appel à ces deux comités de toute décision prise par le surintendant. Celui-ci n'a pas seulement le conseil supérieur pour le contrôler, et, pour l'assister, des inspecteurs, des bureaux d'examinateurs, des visiteurs d'écoles, il se trouve aussi en présence d'une institution fort originale, les commissaires d'écoles ou syndics, élus chaque année au nombre de cinq par une assemblée générale de tous les propriétaires et revêtus d'attributions importantes. Ces représentants du peuple forment une véritable corporation, et, à ce titre, peuvent acquérir, posséder, louer tous biens destinés à l'éducation, choisir des emplacements, faire bâtir, exproprier, imposer des cotisations scolaires. Ils nomment des instituteurs munis d'un brevet, règlent les études, le temps des examens, tranchent toute contestation entre les instituteurs et les parents. Il y a appel de leurs décisions au surintendant, mais il faut pour cela l'avis conforme de trois visiteurs d'écoles, et ceux-ci sont les membres résidents du clergé, les juges de paix, les députés et sénateurs, le maire, les officiers supérieurs de la milice, etc. Lorsque, dans une municipalité scolaire, il existe un certain nombre de familles qui professent une religion différente de la majorité, celles-ci ont le droit d'avoir pour leurs enfants des écoles séparées sous le contrôle de trois syndics choisis par elles. Ainsi tout est prévu pour assurer le respect des croyances, l'indépendance du citoyen, son intervention active et constante dans l'enseignement. Les circulaires du surintendant actuel, M. Ouimet, définissent en bons termes l'esprit des lois scolaires de la province de Québec : « Dans notre système d'instruction primaire, nous enseignons d'abord aux enfants le catéchisme des vérités religieuses, afin de leur apprendre à servir Dieu, puis les manuels d'agriculture et de dessin, pour les mettre en état de servir leur pays. *Pro Deo et Patria,* voilà les mots que le législateur canadien a inscrits au frontispice de nos maisons d'éducation… Le dualisme scolaire est le corollaire du dualisme des religions et des nationalités qui se partagent le pays. L'état s'unit aux deux cultes en matière d'éducation et il n'autorise pas une école à être athée, mais s'il lui demande d'être chrétienne pour lui accorder ses secours, il n'exige pas qu'elle appartienne à une église plutôt qu'à une autre. Liberté pleine et entière sous ce rapport, et de là harmonie parfaite dans la population. »

La liberté religieuse marche à côté de la liberté d'enseignement au Canada. Point de budget des cultes : chaque confession entretient elle-même ses ministres, ses églises, et l'état ne connaît pas plus le clergé, les congrégations, pour les protéger que pour les tracasser ou les persécuter. Ils peuvent comme les autres citoyens, fonder une université, un collège, une école, vendre, tester, acquérir par donation ou autrement. Toutefois le prêtre canadien-français prélève sur l'habitant une sorte d'impôt, la dîme, ou le vingt-sixième de toutes les récoltes, mais il suffit, pour s'en déchargée, de déclarer qu'on n'appartient pas à la religion catholique. Cette coutume, restée populaire dans ces campagnes patriarcales, a donné naissance à un singulier usage qui permet à l'habitant d'exercer contre son curé de fructueuses représailles. Rien de plus beau, disent les Canadiens, qu'un beau champ de blé, un bâtiment sous voiles, et une femme enceinte : or, ils ont tellement pris au sérieux le précepte de l'évangile : Croissez et multipliez ! qu'il n'est pas rare de rencontrer des familles de vingt, vingt-cinq et même trente enfants ; à peine le vingt-sixième est-il né, on le porte en grande pompe au presbytère et voilà le curé chargé à son tour de payer la dîme, car il devient son parrain, et doit le nourrir, l'élever à ses frais, et l'amener à âge d'homme.

Si, du reste, l'habitant accepte joyeusement cet impôt, s'il s'est habitué à voir dans son curé un ami, un conseil, le véritable magistrat de sa paroisse, c'est que celui-ci a toujours travaillé, lutté à ses côtés, c'est qu'aujourd'hui il ne cesse de lui donner l'exemple et se montre grand bâtisseur, grand défricheur, grand éducateur. Il est des prêtres comme les curés Labelle et Racine, qui ont réalisé des prodiges, en installant, dans les régions les plus reculées, au péril de leur vie, des colonies aujourd'hui florissantes. Allez à l'Ouest ! répétait sans cesse Greeley aux Américains ! Allez au Nord, Canadiens français et catholiques ! dit le père Labelle, avec une clairvoyance toute prophétique ! On doit le reconnaître avec M. Etienne Parent, ce clergé ne s'est pas contenté de prier du haut de la montagne, il est descendu dans la plaine pour combattre les combats de la religion et de la patrie ; il a construit cette nationalité avec une sorte de ciment providentiel, en la confondant avec la religion, si bien qu'aux yeux des Canadiens, être mauvais, catholique, c'est être mauvais Français. C'est encore grâce à lui que les tribus sauvages ont à jamais enterré la hache de guerre, accueillent pacifiquement les visages pâles, et que l'administration les traite avec bonté, les assiste pendant l'hiver, respecte leurs territoires de chasse et de pêche, fonde pour elles et entretient des écoles où les enfants indiens apprennent, avec leur propre idiome, les éléments du français et de l'anglais. De là son influence si considérable qui se manifeste dans la vie sociale, d'une manière parfois un peu austère. En même temps qu'il se montre peu favorable au théâtre, dont le ton d'ironie perpétuelle affaiblirait, selon lui, le sentiment national et le culte pour la France, il cherche à empêcher les mariages entre catholiques et protestants. « Il n'a pu y parvenir, dit M. Fabre, qu'en créant un obstacle aux relations mondaines entre ces deux groupes sociaux. Cet obstacle, il l'a fait surgir en proscrivant des salons français la valse, et aussitôt on a vu s'éloigner à tire-d'aile la jeunesse anglaise. Cette ordonnance peut paraître puérile aux sceptiques : il n'y avait pourtant pas de meilleur moyen de mettre la société française, à l'abri des influences mondaines environnantes, influences plus puissantes que les plus patriotiques résolutions ; il n'y avait pas de meilleur moyen de défendre les jeunes Canadiennes contre les surprises du cœur. Les Anglaises ne vont guère dans les salons français, parce qu'elles s'y voient condamnées au quadrille perpétuel ; de leur côté les Françaises ne vont guère dans les salons anglais, parce qu'il leur faudrait se borner à regarder danser leurs heureuses rivales. » Cette sévérité toute puritaine a atteint son but, et à certains points de vue, il existe une véritable muraille de Chine entre les deux races : c'est ainsi que, dans son ouvrage sur l'instruction publique au Canada, M. Chauveau a pu très finement comparer l'état social de son pays à ce fameux escalier de Chambord qui, « par une fantaisie de l'architecte, a été construit de manière que deux personnes puissent le monter en même temps sans se rencontrer et en ne s'apercevant que par intervalles. Anglais et Français, nous montons comme par une double rampe vers les destinées qui nous sont réservées sur ce continent, sans nous connaître, nous rencontrer, ni même nous voir ailleurs que sur le palier de la politique.

Socialement et littérairement parlant, nous sommes plus étrangers les uns aux autres que ne le sont les Anglais et les Français d'Europe. »

Les membres du clergé canadien ne se contentent malheureusement pas de déployer leur zèle contre les prétentions, souvent abusives, des ministres protestants ; ils se divisent eux-mêmes en deux partis qui renouvellent la lutte de *l'Univers* contre *le Correspondant*, de Veuillot contre Montalembert et Dupanloup, et dont les querelles intestines ont eu à plusieurs reprises un caractère très acerbe. Les ultramontains ont montré une humeur fort ombrageuse dans cette affaire Guibord, où Mgr Bourget, évêque de Montréal, refusa l'absolution, la sépulture catholiques à un membre d'un institut canadien ; ils ont en mainte occasion soulevé de bruyantes polémiques, fulminé contre les périls du libéralisme, dénoncé au Vatican l'université Laval, qu'ils accusaient de recevoir des professeurs libéraux et même protestons. Le saint-siège les a jugés trop zélés, trop prodigues d'anathèmes ; il a conféré à l'université Laval l'investiture canonique, approuvé l'archevêque de Québec, Mgr Taschereau, qui, dans ses mandements, défendait à ses prêtres toute participation directe aux conflits politiques. A-t-il été obéi complètement ? Il serait téméraire de l'affirmer, mais, en masse, le clergé canadien semble aujourd'hui animé de l'esprit le plus tolérant, et l'on trouve un témoignage piquant de cette modération dans le mot d'un curé à son paroissien, qui, invité par lui à prier pour la reine Victoria, voulait savoir d'abord si elle était catholique : « Je n'en suis pas tout à fait sûr, mais Mgr l'évêque m'a dit qu'elle était trop bonne pour ne pas l'être un jour ou l'autre : prie toujours pour elle en attendant. » Ajoutons qu'en cherchant bien, on trouverait à grand'peine parmi nos anciens compatriotes deux ou trois cents francs-maçons, et que M. Papineau est le seul qui se soit fait enterrer civilement.

« Les Français de France ! » « Nos gens, » disent-ils en parlant de nous, qui, avec nos théories préconçues, nos jugements dogmatiques et superficiels, nous demandons si nous ne sommes pas dupes d'un mirage, en voyant cette Vendée transatlantique essaimer avec une étonnante rapidité, et, seule, sans appui de l'ancienne mère patrie, malgré l'émigration constante de l'Angleterre, pénétrer dans les comtés de l'Ouest, dans le Nouveau-Brunswick, dans les territoires du Nord-Ouest, jusque dans l'Ontario, franciser la capitale du Dominion et se répandre sur les États-Unis eux-mêmes. Les économistes reprochent à l'habitant sa routine agricole, son luxe, son imprévoyance ; ils prétendent que partout où il s'installe, il assassine le sol (*they have murdered the soil*) ; ils constatent que les trois quarts de l'industrie, du commerce canadiens se trouvent entre des mains anglaises. Il y aurait beaucoup à dire là-dessus, et on pourrait invoquer le témoignage très autorisé de M. Stephen, président de la compagnie du Pacifique, qui voyant chaque jour les colons à l'œuvre, déclare supérieur et préférable aux autres le Français, en raison de ses qualités naturelles de sociabilité, d'esprit d'ordre, d'union, de bonne humeur et de persévérance. Si les Canadiens se dirigent de préférence vers les professions libérales, c'est que l'argent, le nerf de l'industrie, leur manque, tandis que les hommes et les capitaux anglais ne cessent d'affluer dans la colonie. En attendant, ils se multiplient, ils s'échelonnent sur toute la longueur du Dominion, entre l'Atlantique et le Pacifique : à l'avant-garde, à l'entrée du Saint-Laurent, l'île du Prince-Edouard, avec ses onze mille Acadiens, les descendants de cette race poétique dont Longfellow a chanté les malheurs ; puis la Nouvelle-Ecosse avec ses 41,000, le Nouveau-Brunswick avec ses 57,000 Français et Acadiens ; au centre, la province de Québec n'en a guère moins de 1,000,000, Ontario en compte 103,000 ; le Manitoba et la Colombie 14,000. Au mois de juin dernier, pendant la fête nationale de Saint-Jean-Baptiste, patron des Canadiens, de nombreux orateurs ont cité ces chiffres avec orgueil et rappelé que, sur 211 députés dont se compose le parlement fédéral, on compte 55 députés français de la province de Québec qui jouent un rôle prépondérant, puisqu'ils peuvent faire pencher la balance d'un côté ou de l'autre et marchent la main dans la main toutes les fois que la question nationale ou religieuse est en jeu. Au parlement fédéral, dit un écrivain, rien ne se fait sans nous ; à Québec, au parlement provincial, rien ne se fait que par nous. A ce groupe compact il convient d'ajouter quelques députés français qui viennent d'Ontario et du Nouveau-Brunswick : dans les circonscriptions où ils ne sont pas encore assez nombreux, ils se concertent et ne donnent leurs voix qu'à bon escient. L'un d'eux est ministre au Nouveau-Brunswick, l'autre député à la chambre d'Ontario, où il a prononcé un discours en français pour affirmer son droit.

En dehors de ces 1,300,000 Canadiens français, on en trouve aux États-Unis près de 500,000, par groupes de 5,000, de 10,000 et même de 15,000, qui, eux aussi, se comptent, fondent des journaux, des écoles, des sociétés de Saint-Jean-Baptiste et sont comme autant de petites Frances qui n'oublient pas la grande : quatre d'entre eux viennent d'entrer à la chambre des députés de l'état du Maine. Certes, il y aurait exagération à affirmer que l'accord le plus sympathique règne entre les diverses nationalités du Dominion, que les Anglais voient sans dépit les Français d'Amérique surgir de dessous terre et pulluler partout ; et de même, parmi ceux-ci, on trouverait plus d'un *chauvin* qui caresse l'espoir de fonder un état absolument autonome lorsque sonnera l'heure de la séparation d'avec l'Angleterre ; mais, au fond, l'immense majorité se contente de rester

133

attachée à ses souvenirs, de partager les mêmes espérances dans l'avenir de la patrie commune : à défaut d'un mariage d'inclination, les deux races ont contracté une union de raison. Depuis 1867, les hommes d'état du Dominion, de la métropole se sont appliqués à dissiper les jalousies, à faire pénétrer cette vérité que le progrès de la race française importait au maintien de la suzeraineté britannique, à la grandeur de la confédération, en y introduisant une variété, un coloris, une sève qui autrement feraient défaut. Le duc d'Edimbourg a scandalisé la colonie anglaise de Québec en répondant à une jeune miss : « Je ne comprends pas qu'une dame canadienne ne sache pas le français. »

En 1880, l'avant-dernier gouverneur, le marquis de Lorne, gendre de la reine d'Angleterre, rappelait avec tact que le parlement anglais a conservé avec une espèce de culte les coutumes que les Normands lui ont léguées : *La reine le veut ! La reine remercie ses bons sujets, accepte leur bénévolence*, voilà des formules usitées encore à Londres et dont il demandait l'introduction à Ottawa, comme marque d'une même origine. Et, plus tard, lors de l'inauguration de la Société royale qu'il a fondée, il formait des vœux pour que les Canadiens maintinssent dans toute sa pureté « le grand idiome qui est entré pour une si large part dans la formation de la langue anglaise. »

VIII

Ce vœu a-t-il été exaucé ? Notre langue a-t-elle résisté à cette redoutable épreuve d'une séparation séculaire ? Ou, subissant la rouille du temps, a-t-elle perdu ses qualités distinctives d'élégance, de clarté et d'harmonie ! La question est complexe et ne saurait se trancher d'un mot ; ce qu'on peut affirmer d'abord avec tous les voyageurs sérieux qui ont visité ce pays, c'est que le Canadien parle encore le français du XVIe et du XVIIe siècle, cette langue si savoureuse, si robuste de la Touraine, de l'Ile-de-France, avec son caractère spécial et ses tournures gauloises ; c'est qu'on retrouve dans ce parler une foule de locutions originales, vieille monnaie marquée au bon coin, qui datent de Rabelais et de Montaigne et dont nous pourrions tirer parti, bien qu'elles ne figurent point dans le Dictionnaire de l'Académie française ; c'est encore qu'il n'existe pas, comme on l'a prétendu à la légère, de patois canadien, et, qu'à l'intonation près, l'habitant qui sort de l'école primaire s'exprime plus correctement que notre ouvrier et notre paysan, et ne le cède guère à la société cultivée qui a fait ses études classiques à l'université Laval. Le signe distinctif de cette langue serait plutôt un archaïsme de bon aloi et la préservation de l'argot, du néologisme qui forceront bientôt à étudier le français de Bossu et comme une langue morte. Qu'il se glisse maintenant, à côté des mots du cru, nombre d'anglicismes et de barbarismes, quoi d'étonnant en un pays où fleurit le régime parlementaire, cet ennemi naturel de la littérature, et, qui plus est, un parlementarisme bicéphale, fédéral, provincial et polyglotte ? Ne cherchez donc pas le purisme au prétoire, ni au parlement ; sauf quelques bons orateurs comme MM. Chauveau, Chapleau, Mercier, Laurier, sir Hector Langevin, la tribune canadienne nous offre bien peu de modèles de l'art de bien dire.

Ce n'est pas non plus la presse qui aurait le droit de se poser comme une vestale du beau langage, mais il faut reconnaître qu'elle a, elle aussi, rendu le plus important service au français, en le vulgarisant, en le monnayant pour ainsi dire, et faisant l'éducation politique du peuple. De même que le chemin de fer a détrôné la diligence, ainsi le journal a remplacé *le Quêteur*, ce trouvère de la jeune France, sorte de gazette vivante, qui jadis, allait de paroisse en paroisse et, le soir, à la veillée, colportait les nouvelles et cancans, la chronique et la rumeur publique. Aujourd'hui *le carré de papier* pullule, et sans parler des journaux anglais, on en compte dix français à Québec, six à Montréal, trois aux Trois-Rivières, deux à Saint-Hyacinthe, à Saint-John, plusieurs au Manitoba, au Nouveau-Brunswick, tous remarquables par la ferveur de leur patriotisme, par leurs annonces qui s'étalent, à la mode américaine, en première page, à côté des articles de fond, et aussi, hélas ! par la véhémence de leurs polémiques : plusieurs, comme *le Canadien, la Presse, le Monde, la Patrie*, atteignent et dépassent un tirage de dix mille. Un des plus anciens et des mieux rédigés est assurément *la Minerve*, de Montréal, qui traite avec soin les questions locales et publie assez souvent de bonnes études sur la colonisation, l'agriculture et le commerce. « Vous me demandez pourquoi notre presse ne se pique guère d'atticisme, me disait un Canadien : cela tient aux souvenirs d'autrefois, au temps peu éloigné encore où on nous traitait de Canucks, où certains gallophobes annonçaient que notre langue finirait par sembler aussi déplacée dans le parlement que l'erse ou le gaélique dans celui de la Grande-Bretagne. Nous n'avons pas désarmé, nous restons toujours casque en tête et cuirasse au corps, nous craignons un retour offensif de l'ennemi et nous exigeons de nos journaux qu'ils frappent fort et dur ; sans cela peu de lecteurs et encore moins d'abonnés. C'est pourquoi nous ne connaissons pas la critique fine, nuancée, l'épigramme qui égratigne plus qu'elle ne déchire, la médisance enveloppée dans un compliment comme une pilule dans un bonbon : nous cognons à tour de bras ou nous portons aux nues ; entre le panégyrique et l'éreintement pas de milieu. » La presse canadienne peut cependant revendiquer quelques publicistes qui ont fait preuve d'un talent délicat et mesuré, comme M. l'abbé Casgrain avec ses Biographies littéraires,

M. Oscar Dünn, auteur d'un bon Glossaire franco-canadien, MM. De Celles, Provencher, Gérin, Marchand, Lusignan, Hector Fabre, directeur d'un nouveau journal, le *Paris-Canada*, qui a pour but de faire mieux connaître « le Canada à la France et la France au Canada. » Il faut aussi tenir compte de l'action bienfaisante des instituts ou cercles, de l'université Laval, de la Société royale et de deux recueils périodiques *la Revue canadienne* et *les Nouvelles Soirées canadiennes*, petites oasis intellectuelles où la polémique fait trêve et laisse le champ libre aux travaux littéraires, à la nouvelle et aux vers. On y rencontre des études de MM. Faucher de Saint-Maurice, Dansereau, Tremblay, Buies, Lemay, Chapais, Poisson, Poirier, etc., dont plusieurs, le *Voyage en Europe* de M. Routhier entre autres, ont subi très honorablement l'épreuve du livre.

La littérature canadienne ne date guère que de 1840 : avant cette époque, elle se résume presque tout entière dans les chansons ; vieilles chansons françaises, comme *la Claire Fontaine*, devenue là-bas le chant national, complaintes populaires domine celle de *Cadieux, Petit rocher de la haute montagne* ; ballades naïves et touchantes comme celle du *Canadien errant*, que tout habitant sait avant même d'apprendre à lire, et qui a rendu plus célèbre M. Gérin-Lajoie, que son honnête roman de *Jean Rivard* ; chansons historiques, satiriques et politiques. Un tel genre convient essentiellement à cette race gaie, moqueuse et sociable qui se consolait de la persécution avec de petits vers, comme à l'époque où la France avait un gouvernement absolu tempéré par des chansons. Un compatriote attire-t-il l'attention par quelque haut fait ? Vite une chanson ! S'agit-il d'une élection ? On s'adresse au poète du cru et les couplets malins courent bientôt le pays ! La fête nationale de Saint-Jean-Baptiste a fourni mainte chanson au répertoire, et sir George Cartier a dû une bonne partie de sa popularité à celle qu'il composa pour le premier banquet, en 1834. Sur les grands fleuves, dans la solitude des forêts éternelles, au fond du Nord-Ouest, partout retentit la chanson, cette fidèle amie du Canadien. Chose remarquable ! ces simples cultivateurs, ces coureurs de bois ont souvent de magnifiques voix de ténor qui feraient la fortune d'un imprésario assez avisé pour aller les découvrir au-delà de l'océan.

« Nous ne sommes que des amateurs, » me disait un de leurs écrivains. Sans souscrire à ce jugement trop modeste, on peut admettre que jusqu'ici nos cousins d'Amérique ont été plus occupés à faire l'histoire qu'à l'écrire ; l'action a absorbé la pensée, ils ont couru au plus pressé, à la conquête des libertés politiques. Songez que la première librairie française date de 1816, que, lorsqu'un nouveau livre français parvenait au Canada, on en faisait aussitôt des copies manuscrites qui circulaient de main en main ! Les livres qu'ils publient pendant la période de lutte, pendant les temps historiques, ont avant tout le caractère d'armes de combat, comme le grand ouvrage de Garneau, qui fut une révélation pour ses concitoyens et leur valut plus qu'une armée, puisqu'il leur rendit la foi nationale et la certitude du succès. Aujourd'hui même, en pleine paix, en pleine liberté, que d'obstacles, que de circonstances défavorables ! Isolé, privé de cet éther intellectuel qui se dégage d'un public lettré, de cette éducation artistique qui se fait par les yeux, dans la rue, au théâtre, par la contemplation des milliers de chefs-d'œuvre que renferme une vieille société, par la conversation avec les maîtres illustres, l'homme de lettres canadien languit, livré à ses propres ressources. S'adresse-t-il à un journal, le directeur lui offre une rémunération dérisoire, car lui-même a grand'peine à nouer les deux bouts, les abonnés conservant la fâcheuse habitude de payer d'une façon irrégulière (on cite l'exemple d'un lecteur qui d'un seul coup solda un arriéré de quarante ans dans son testament). La littérature ne nourrissant pas son homme, on la regarde comme un art d'agrément et on applique à la lettre le mot de Villemain : « Elle mène à tout, à condition d'en sortir. » La plupart des écrivains canadiens ont dû s'ingénier pour trouver un gagne-pain, et trop souvent la politique, cette décevante sirène, les arrache aux fortes études qui seules mûrissent le talent : sur une centaine d'auteurs vivants en 1880, M. Benjamin Sulte, dans son Étude sur la poésie de son pays, compte quarante fonctionnaires publics.

Un autre écueil sur lequel ils sombrent fréquemment, c'est la tendance au pastiche, le besoin d'imiter quelque écrivain français, d'exagérer ses qualités et ses défauts : Chateaubriand, Lamartine, Hugo, ont beaucoup d'adeptes qui se partagent leur défroque, abusent de l'image, se grisent de la métaphore, emploient sans cesse des mots plus grands que les choses et détournent la langue de sa véritable voie. Tout en admettant que cette petite troupe ait besoin de former une société d'admiration mutuelle, on demeure parfois confondu des compliments hyperboliques qu'elle décerne à des débutants pour de bien chétives productions. Un tel est notre Tite Live, et celui-ci notre Augustin Thierry ; nous avons notre Alexandre Dumas, notre Corneille, notre Racine, voilà le langage courant.

Cependant le terrain commence à se déblayer, les premiers jalons sont posés, déjà les Canadiens ont à leur actif six ou sept cents volumes et douze ou quinze cents brochures. Dans la poésie, MM. Crémazie et Louis Fréchette laissent loin derrière eux leurs rivaux : une inspiration élevée, un souffle lyrique continu, le sentiment de la nature, l'amour de la patrie, les ont sacrés poètes. On ne peut lire sans émotion quelques pièces de M. Crémazie, *le Drapeau de Carillon, le Chant des voyageurs, les*

Morts, Guerre, où l'idée, puisée en quelque sorte dans les entrailles mêmes du pays, se développe avec largeur, dans une langue harmonieuse et vibrante, qui, sauf quelques négligences de style, ne fléchit pas un instant. Les vers de M. Louis Fréchette ont un souffle de grâce, de jeunesse, de fraîcheur qu'on ne rencontre pas chez M. Crémazie, dont le talent, plus sombre, plus austère, semble aussi moins varié, moins moderne. Quatre de ses poésies, *la Louisiane, le Mississipi, Alléluia, Sursum corda*, nous montrent les aspects divers de ce talent flexible, que l'Académie française a couronné pour un volume intitulé : *Fleurs boréales, Oiseaux de neige*. Ne pouvant le citer, je voudrais au moins analyser son morceau sur 1870. C'est pendant l'année terrible : on apprend à Québec la défaite de la France, la reddition de Metz. Eh quoi ! *Nos gens* sont battus ! Est-ce possible ? On veut douter encore. La triste rumeur circule bientôt, et, soudain, pleine d'angoisse, la foule se précipite vers le consulat en criant : « Vive la France ! » Un vigoureux forgeron s'adresse au consul général : « La France, trahie, a besoin de soldats, les Canadiens sont prêts à partir ; aujourd'hui cinq cents, demain dix mille, et l'on ne trouvera pas de traîtres parmi eux. » Mais ils ont oublié, et on le leur rappellera, qu'ils sont sujets anglais et que le droit des gens ne contient pas d'exceptions pour les dévoûments héroïques. Toute la pièce est d'une noble et fière allure. Au reste, sans demander aux poètes canadiens d'avoir le fétichisme de la rime, d'attendre d'elle la grâce et le salut, on peut leur reprocher de n'avoir pas suffisamment étudié nos modernes : Laprade, Leconte de Lisle, Théodore de Banville, de ne pas comprendre assez que la poésie est non-seulement un don du ciel, mais aussi une science et un art.

En histoire, MM. l'abbé Casgrain, Benjamin Sulte, Joseph Tassé, marchent d'un pas ferme sur les traces de Garneau et de l'abbé Ferland. Dans son livre sur *la Mère Marie de l'Incarnation*, l'abbé Casgrain a tracé un tableau très imagé des premiers temps de la colonie ; avec ses *Canadiens de l'Ouest*, M. Joseph Tassé, député au parlement fédéral, nous révèle ces hardis ancêtres, épris d'inconnu et de chimère, qui furent les pionniers du continent américain, qui, les premiers, ont pénétré dans les régions glacées du pôle, traversé les montagnes Rocheuses, foulé les plaines fertiles du Mexique. Beaucoup ne font que traverser la forêt vierge, sans plus s'y arrêter que l'oiseau sur le toit, mais à côté de ces éclaireurs, voici venir le grand colon, le fils du laboureur de l'ancienne France, qui manie aussi bien le fusil que le soc de la charrue et le pic du mineur. Voici Dubuque, qui le premier exploita dans l'Iowa des gisements de plomb, et laissa son nom à une ville ; voici Aubry, le roi de la prairie, qui, en six jours, franchit au galop de sa fameuse jument *Dolly* trois cents lieues de pairies. Partout où ils se posent, ils font surgir des cités ; sans Beaulieu, Chicago n'existerait pas ; Salomon Juneau crée une ville de cent mille âmes ; Vital Guérin, fondateur de Saint-Joseph, capitale du Minnesota, lui consacre toute sa fortune et meurt sans laisser de quoi se faire enterrer : car, c'est un trait commun chez eux de détruire par leur prodigalité les fruits de leur génie et de tirer les marrons du feu pour des spéculateurs. Seuls ils aiment les Indiens et se font aimer d'eux ; ils servent de médiateurs entre eux et les *longs couteaux* ; Dubuque obtient ce qu'on n'avait jamais obtenu, il les décide à travailler aux mines. Plus loin, l'historien raconte avec humour les débuts politiques des états du Wisconsin, du Minnesota, du Michigan, les législateurs venant siéger en voitures à chiens, ou couchant dans la même chambre, car la capitale n'a qu'une seule maison ; ailleurs, c'est un rapporteur peu scrupuleux qui, voulant empêcher le vote d'une loi, disparait avec son dossier pendant toute la session. Quel panorama et quelle variété de paysages ! Quels hommes de fer que ces défricheurs de provinces qui estiment qu'on aura toujours le temps de se reposer dans l'éternité ! Leur histoire prend les proportions d'une légende ; en la racontant, M. Tassé a retrouvé une partie des titres de noblesse de la France dans le Nouveau-Monde, contribué à dissiper ce préjugé banal qui interdit à notre race le don de la colonisation. Pourquoi seulement faut-il que le spectacle de tant d'héroïsme rappelle la paraphrase sévère d'un mot célèbre : *Gesta Anglorum per Francos* ?

Le groupe des prosateurs, des romanciers s'augmente tous les jours. Un des meilleurs, sans contredit, est M. J.-C. Taché, auteur de trois légendes, dont chacune caractérise une époque de l'histoire des tribus indiennes et où il a su, tout en écrivant avec simplicité, conserver la couleur locale, la *senteur du terroir laurentien. L'Évangile ignoré, l'Évangile prêché, l'Évangile accepté*, sont les sous-titres de ces récits que l'auteur déclare lui avoir été inspirés par ces paroles pittoresques d'un vieux sauvage : « Dans c'temps-là,.. tu vois ben,.. les sauvages… pas la religion,.. toujours, toujours du sang,.. pas la chalité… — Quand les patliaches venir, nos gens surpris… pas accoutumés,.. malaisé pour comprendre ;... fâchés quasiment. — Aujourd'hui… Ah ! ah ! ., pas la même chose du toute ; nous autres comprend tout,.. la r'ligion, tu sais ben. » — Dans un autre genre, M. de Gaspé, avec ses *Anciens Canadiens*, M. Joseph Marmette, avec ses romans historiques, se sont acquis une réputation méritée ; rendre plus populaires, en les dramatisant, les temps héroïques du Canada, tel est le but poursuivi par ce dernier dans quatre ouvrages, *le Chevalier de Mornac, la Fiancée du rebelle, François de Bienville, l'Intendant Bigot* : l'un d'eux a obtenu l'honneur d'une traduction en anglais. Si M. Marmette s'attache à plaire d'une façon parfois trop exclusive aux amateurs des couleurs outrées, il mérite l'approbation unanime par de brillantes qualités descriptives et narratives, ainsi que par un réel talent de mise en scène. J'ai lu aussi quelques pages agréables dans *Angéline de Montbrun*, roman de Mlle Laure Conan, qui, par son spiritualisme raffiné, sa mélancolie et la grâce de ses paysages, se rattache visiblement à l'école d'Eugénie de Guérin et de Mme Swetchine.

Quels sont maintenant le caractère, la mission et l'avenir de la littérature canadienne ? M. J.-C. Taché a répondu à cette question dans la préface de ses trois légendes, de telle sorte qu'on ne peut que souhaiter de voir son vœu se réaliser et les Canadiens demeurer fidèles à eux-mêmes. « Nous sommes nés, comme peuple, du catholicisme, dit-il, du XVIIe siècle et de nos luttes avec une nature sauvage et indomptée ; nous ne sommes point fils de la révolution et nous n'avons pas besoin des expédients du romantisme pour intéresser des esprits qui croient et des cœurs encore purs. Notre langage national doit donc être comme un écho de la saine littérature d'autrefois, répercuté par nos montagnes aux bords de nos lacs et de nos rivières, dans les mystérieuses profondeurs de nos grands bois. » Se retremper sans cesse dans l'étude du passé, ressusciter les glorieuses annales, recueillir avec un soin pieux ses légendes, s'identifier aussi avec le présent, peindre les mœurs, la vie sociale contemporaine, noter et nous traduire la majestueuse symphonie de la terre canadienne, ne jamais perdre de vue cette pensée de Carlyle que l'univers est un temple aussi bien qu'une cuisine, tel est, pour longtemps encore, le rôle, le devoir des écrivains canadiens ; c'est ainsi qu'ils entretiendront parmi leurs compatriotes le culte de l'idéal, ces tendances chevaleresques, apanage des races latines et dernier boulevard de l'idée spiritualiste contre le positivisme anglo-saxon ; qu'ils donneront à la France une colonie intellectuelle et seront en quelque sorte ses mandataires dans le Nouveau-Monde.

Au-dessus de cette jeune littérature qui a jailli de la source sacrée du patriotisme, plane, toujours vivante et lumineuse, l'image de la vieille France. Les Canadiens n'ignorent point que, s'ils étaient restés unis à elle, ils n'auraient sans doute pas gardé leurs institutions sociales et religieuses, qu'ils formeraient peut-être encore une colonie administrative comme l'Algérie, que c'est l'Angleterre enfin qui les a mis, trop durement peut-être, à l'école de la liberté : cependant ils tiennent à la France par un instinct profond et mystique, par les liens de la descendance, la puissance des traditions, la religion des souvenirs ; ils veulent toujours voir en elle la fille aînée de l'église. Entre leur affection et leur raison s'élève cette cloison étanche dont parle M. Renan qui empêche celle-là d'altérer celle-ci et leur fait jeter un voile sur nos erreurs, nos

147

défaillances. Nous qui, en politique, avons eu tant et de si fatals engouements, qui avons si souvent rendu le bien pour le mal, qui avons été Américains, Grecs, Polonais, Anglais, Italiens, ne serons-nous pas un peu Canadiens, ne penserons-nous pas à cette nation qui est la chair de notre chair, qui nous aime simplement, sans nous juger, sans nous critiquer, avec la foi du charbonnier et tient à son origine comme à un blason ? Nous bornerons-nous à quelques témoignages de sympathie littéraire et ne lui donnerons-nous pas des preuves plus solides de notre affection ? Tandis qu'avec l'Amérique du Sud nos échanges annuels se chiffrent par centaines de millions et qu'un courant d'émigration considérable y entraîne nos compatriotes, notre commerce total avec le Canada ne dépasse guère quinze millions de francs, et c'est à peine si nous commençons à lui envoyer quelques centaines de nos concitoyens. Nous nous évertuons à fonder des colonies sans colons, alors que nous pourrions avoir des colons fans colonies. Pourquoi l'émigration française ne se dirige-rait-elle pas vers ce pays où le salaire est élevé, la terre fertile, où la propriété s'offre à tous, où l'habitant nous accueillerait à bras ouverts ? Pourquoi n'irions-nous pas faire notre visite aux Canadiens, ne fût-ce que pour apprendre d'eux comment un peuple devient et reste libre ?